# PSICANÁLISE ENTRE CATÁSTROFE E CRIAÇÃO

Blucher

# PSICANÁLISE ENTRE CATÁSTROFE E CRIAÇÃO

*Organizadores*

Daniel Kupermann

Jô Gondar

Eugênio Canesin Dal Molin

*Psicanálise entre catástrofe e criação*


COLEÇÃO SÁNDOR FERENCZI
Coordenadores da coleção: Daniel Kupermann, Jô Gondar e Eugênio Canesin Dal Molin

*Publisher* Eduardo Blücher
*Editor* Eduardo Blücher
*Coordenador editorial* Rafael Fulanetti
*Coordenadora de produção* Ana Cristina Garcia
*Produção editorial* Walys Oliveira e Andressa Lira
*Preparação de texto* Mariana Góis
*Diagramação* Plinio Ricca
*Revisão de texto* Cristiana Gonzaga Souto Corrêa
*Capa* Wendell Laurentino

**Blucher**

Rua Pedroso Alvarenga, 1245, 4º andar
04531-934 – São Paulo – SP – Brasil
Tel.: 55 11 3078-5366
**contato@blucher.com.br**
www.blucher.com.br

Segundo o Novo Acordo Ortográfico, conforme 6. ed. do *Vocabulário Ortográfico da Língua Portuguesa*, Academia Brasileira de Letras, julho de 2021.



Dados Internacionais de Catalogação na Publicação (CIP)
Heytor Diniz Teixeira, CRB-8/10570

Psicanálise entre catástrofe e criação / coordenadores Daniel Kupermann, Jô Gondar, Eugênio Canesin Dal Molin. – São Paulo : Blucher, 2025.

214 p. – (Coleção Sándor Ferenczi)

Bibliografia
ISBN 978-85-212-2567-6 (impresso)
ISBN 978-85-212-2566-9 (eletrônico - epub)
ISBN 978-85-212-2565-2 (eletrônico - pdf)

1. Psicanálise. 2. Trauma psíquico. 3. Resistência (Psicanálise). 4. Ferenczi, Sándor, 1873-1933. I. Título. II. Série. III. Kupermann, Daniel. IV. Gondar, Jô. V. Dal Molin, Eugênio Canesin.

Índice para catálogo sistemático:
1. Psicanálise CDU 159.964.2

# Sobre a coleção

A Coleção Sándor Ferenczi tem como objetivo divulgar o pensamento psicanalítico inspirado na obra desse importante psicanalista, com destaque para a produção científica brasileira.

Principal interlocutor de Freud, Sándor Ferenczi foi considerado por seus comentadores o cocriador da psicanálise no primeiro terço do século XX, apesar de ter sido silenciado por décadas, mais por motivações advindas da política do movimento psicanalítico institucionalizado do que por quaisquer razões epistemológicas.

A partir dos anos 1980, assistimos a um "renascimento" de suas ideias e, desde então, Ferenczi tem sido reconhecido como o grande precursor da psicanálise contemporânea. Sua teoria do trauma e seus questionamentos acerca da relação entre analista e analisando têm instigado reflexões inéditas acerca dos desafios da psicanálise no século XXI.

Esta coleção foi idealizada pelo Grupo Brasileiro de Pesquisas Sándor Ferenczi (GBPSF) e teve como estímulo inicial a publicação de trabalhos de excelência apresentados na 14ª Conferência

Internacional Sándor Ferenczi, realizada em São Paulo em 2024, bem como outros textos e pesquisas que aprofundem e expandam a investigação sobre a experiência psíquica e sociopolítica na atualidade, tarefa ainda mais urgente quando se considera a radicalidade do esgarçamento do tecido social em nosso país.

Daniel Kupermann

Jô Gondar

Eugênio Canesin Dal Molin

*Coordenadores*

# Conteúdo

## Parte 2 – Trauma e transmissão

# Apresentação
# A vida anfíbia de pessoas e grupos

*Eugênio Canesin Dal Molin*
*Daniel Kupermann*
*Jô Gondar*

Existem psicanalistas e instituições que têm uma existência dupla. São aqueles cujo ciclo de vida começa em um lugar e termina em outro, que passam de um período inicial, aquático e larval, para uma existência posterior em terra. São anfíbios.

O Grupo Brasileiro de Pesquisas Sándor Ferenczi (GBPSF) é um desses seres. Surgido em 2018 dos esforços de vinte analistas para congregar pesquisadores inspirados pelo pensamento do psicanalista húngaro que lhe dá o nome, o grupo teve uma tarefa prática como impulso: organizar uma conferência internacional no Brasil, vinculada à *International Sándor Ferenczi Network*, em três anos. Em seu período inicial, o GBPSF movia-se da forma que lhe aprouvesse, alimentava-se do que lhe fosse oferecido. Seu ambiente era um oceano amplo e espaçoso. Nesse tempo, o grupo realizou dois encontros presenciais em 2019, em São Paulo e no Rio de Janeiro. A catástrofe viral provocou uma adaptação tormentosa, bem ao gosto ferencziano. Ela fez com que a conferência fosse postergada e, ao encerrar quase todos em casa, forçou-nos a promover quase duas dezenas de *lives*, uma série de encontros *online*, um *podcast* com mais de cem mil reproduções, três livros, um projeto que aproximava profissionais que atuam na saúde mental do pensamento de Ferenczi, e muitas discussões que nutriram e fizeram o grupo crescer.

O passo em direção à terra aconteceu em 2024. Perto de mil pessoas se reuniram na cidade de São Paulo para a 14ª Conferência Internacional Sándor Ferenczi. No evento, mais de 300 pesquisadores e clínicos apresentaram trabalhos de altíssima qualidade, que alcançaram as principais preocupações de nosso tempo.

Ferenczi é um autor que, também ao modo anfíbio, respirou de formas diferentes ao longo do tempo. No início do movimento psicanalítico, sob forte influência de Freud, o fez branquialmente, em harmonia com seu meio. Depois, conforme se diferenciava e desenvolvia um pulmão capaz de interpelar seus interlocutores, podia estranhar os próprios colegas e criticar o que não julgava frutífero. Hoje, após o seu renascimento como autor fundamental do campo psicanalítico, Ferenczi respira pela pele. A permeabilidade cutânea faz seu pensamento ser muito vulnerável às mudanças no ambiente.

Nesse primeiro título da *Coleção Sándor Ferenczi*, vemos a extensão e a profundidade de suas ideias em articulação com a política, com a clínica e com o conjunto da teoria psicanalítica. Salvo pelo capítulo de Peter Rudnytsky, os textos que o leitor encontrará foram concebidos inicialmente como aulas para um curso preparatório para a 14ª Conferência Internacional Sándor Ferenczi, que afinal aconteceu de 29 de maio a 01 de junho de 2024 em São Paulo. Na ocasião buscamos, com esse curso preparatório, viabilizar o desejo de que um evento internacional realizado no Brasil se adaptasse às necessidades de nossa sociedade; ou seja, que não custasse de partida, para os brasileiros e demais sul-americanos, um valor proibitivo. Convidamos, assim, os membros eméritos do GBPSF, bem como alguns colegas que vêm se dedicando há anos à pesquisa em torno do pensamento ferencziano, para participar.

O livro está dividido em duas partes. Na primeira, *Trauma e resistência*, abrimos com um texto em que Jô Gondar explora como os afetos, especialmente o medo, o ódio e a ternura, moldam as relações sociais e políticas. A autora contrapõe o medo e ódio, que sustentam governos autoritários, à ternura, vista como uma força política de emancipação e solidariedade. Seu argumento é que a transformação social requer a mudança dos circuitos afetivos que sustentam o poder.

Julio Verztman, na sequência, escreve sobre a subalternidade como uma construção social e psíquica, relacionando-a à teoria do trauma de Ferenczi. Vemos no texto como é fundamental que a psicanálise enfrente ativamente as resistências que impedem a escuta e o reconhecimento do sofrimento dos sujeitos subalternizados.

Em seu capítulo, Mônica Kother Macedo analisa o impacto das diásporas contemporâneas na subjetividade e nos laços sociais, destacando as rupturas causadas pela indiferença e pela violência. A partir das ideias de Sándor Ferenczi, discute-se a exclusão e invisibilidade enfrentadas pelos migrantes, enfatizando o desmentido como fator traumático.

Joel Birman, por sua vez, propõe que o trauma seja reinterpretado à luz da precarização social e subjetiva contemporânea, intensificada pelo neoliberalismo. Ele relaciona o sofrimento psíquico atual a figuras como o "pai insuficiente" e o "desmentido", destacando a pertinência das teorias de Freud e Ferenczi na compreensão das novas formas de dor e angústia.

Fechando a primeira parte, Daniel Kupermann explora o conceito de "identificação com o agressor", destacando o impacto do trauma na subjetividade. A identificação com o agressor ocorre quando a vítima adota características do agressor para sobreviver ao trauma, resultando em fenômenos como o amor submisso, o ódio destruidor e o auto-ódio. Enfatizando o último, o autor aborda o racismo e o antissemitismo; ele indica como o trauma paralisa o pensamento e impede a elaboração subjetiva, levando o sujeito a oscilar entre posições de vítima e agressor.

A segunda parte, intitulada *Trauma e transmissão*, tem como ponto de partida o capítulo de Eugênio Canesin Dal Molin, que discute a evolução do conceito de trauma e sua ampliação para abarcar não apenas eventos episódicos, mas também experiências prolongadas de abandono e desinvestimento afetivo. Ferenczi enfatiza o papel do ambiente e do desmentido na formação do trauma, tornando-o um processo intersubjetivo. O capítulo também explora a noção de "trauma cultural", onde eventos traumáticos impactam a identidade de um grupo. Sua proposta é a de que o trauma seja compreendido como um processo dinâmico, aberto e socialmente construído.

Em seguida, Luis Claudio Figueiredo analisa a intertextualidade e o parasitismo criativo na psicanálise, abordando como ideias e conceitos se transformam ao serem apropriados e ressignificados por diferentes autores. Inspirando-se em J. Hillis Miller e no Manifesto Antropófago de Oswald de Andrade, ele compara essa dinâmica a um processo de destruição e renovação, onde autores como Winnicott, Freud e Ferenczi são ao mesmo tempo influenciados e modificados por seus pares e sucessores.

No oitavo capítulo, Renato Mezan investiga a supervisão psicanalítica sob a ótica de Sándor Ferenczi. Apesar de não usar o termo "supervisão", Ferenczi via a análise do caráter do analista como indispensável para lidar com contratransferências e narcisismos que poderiam distorcer a prática clínica. Supervisionar era, em sua opinião, mais do que corrigir erros técnicos: era criar um espaço de reflexão contínua e autocrítica, onde o analista se adapta às necessidades do paciente. A supervisão teria, assim, o potencial de se tornar um encontro transformador, tanto para o analista quanto para o paciente.

O livro termina com um texto em que Peter Rudnytsky defende que a experiência da análise mútua de Ferenczi com Elizabeth Severn, apesar de controversa, inaugurou um novo paradigma relacional na psicanálise, focado na mutualidade e no cuidado com os núcleos traumáticos do paciente. Ele contrapõe essa abordagem de Ferenczi ao que identifica como autoritarismo de Freud, e vê no húngaro um precursor da psicanálise intersubjetiva.

Psicanálise entre catástrofe e criação marca um momento importante dos debates psicanalíticos no Brasil, em que é possível dialogar com um autor, tê-lo como inspiração, sem perder de vista seu lugar histórico e político, sua fertilidade e suas limitações – em que se pode pensar, para dizermos de outra forma, para além das escolas fechadas e da submissão acrítica ao instituído. Justamente, o espírito questionador ao fechamento epistemológico da psicanálise em sistemas que se pretendem únicos, ao lado da sensibilidade empática com os modos de sofrimento de seu tempo, é o que melhor pode caracterizar o pensamento ferencziano. E exatamente nesse momento de grandes transformações que assistimos é bom estarmos cercados de vida, de ideias e de gente.

# PARTE 1
# Trauma e resistência

# 1. Paixão e ternura como forças políticas

*Jô Gondar*

"A economia é o método. O objetivo é mudar o coração e a alma" (1981). Foi assim que Margaret Thatcher, primeira-ministra britânica, explicou a um jornalista como pretendia transformar uma sociedade que valorizava o coletivo numa sociedade individualista. Uma das principais protagonistas da virada neoliberal dos anos 1980 não ignorava que, para conseguir seu objetivo político, seria preciso penetrar a subjetividade social, para que os trabalhadores funcionassem de acordo com os termos de um jogo imposto a eles. No coração e na alma estariam os alicerces da mudança política.

O filósofo Vladimir Safatle (2015) deu um nome a essa base de sustentação: ele a chamou de circuito de afetos. Freud já teria mostrado, em *Psicologia das massas* (1921/1976), o quanto a esfera individual é inseparável da esfera social, ambas constituídas por modos de relação que se exercem no ambiente circundante, funcionando como suporte para diversas formas de vínculo. A tese de Safatle (2015) é a de que uma determinada circulação afetiva vai moldar as formas de sociabilidade e modular o quanto nos submetemos, o quanto resistimos à sujeição, o quanto somos capazes de afirmar quem somos e o que queremos.

> *nossa sujeição é afetivamente construída, ela é afetivamente perpetuada e só poderá ser superada afetivamente a partir da produção de uma outra* aesthesis. *O que nos leva a dizer que a política é, em sua determinação essencial, um modo de produção de circuito de afetos.*

De fato, a política não pode ser reduzida a práticas de gestão econômica, legal, ou de serviço dos bens. Ela concerne às maneiras possíveis de estar juntos e às suas possibilidades de mudança. É pensando em outros afetos, bem diferentes dos incitados pela virada neoliberal, que escrevo este trabalho. Creio que para compreender as formas contemporâneas de organização social, e mesmo a conjuntura política em que estamos mergulhados, não basta conhecer a geopolítica em curso; é preciso também entrar no campo da micropolítica e, particularmente, dos afetos e modos de sensibilidade que sustentam a construção dos laços sociais. No plano social mais amplo, a psicanálise mostra de maneira inquietante a geografia dos afetos de dominação, segregação e colonização, bem como as condições afetivas da emancipação política e os motivos de seus bloqueios. Desse modo, ela fornece contribuições tanto para se entender a adesão às formas de governo e sociabilidade, quanto para construir projetos de emancipação que visam transformá-las. Pois não se trata apenas de compreender; trata-se também de pensar alternativas ou, ao menos, possibilidades de desmonte dos modos afetivos e/ou sensíveis que sustentam determinadas formas de vínculo. Diferentes afetos e formas de sensibilidade vão modelar diferentemente a vida social e política (Safatle, 2015).

Hobbes já teria mostrado a importância do medo como afeto que induz a construção de um Estado forte, capaz de impedir a guerra de todos contra todos, estabilizando a sociedade. "A origem de todas as grandes e duradouras sociedades não provém da boa vontade recíproca que os homens teriam uns para os outros, mas do medo recíproco que uns têm dos outros" (1634/2002, p. 28). Por sua própria natureza, pensa Hobbes, os homens são dotados de um egoísmo sem limites, uma cobiça em relação aos bens do próximo, uma ambição em eliminar os que são vistos como concorrentes.

Assim, deixados em estado natural, os homens estariam perpetuamente guerreando entre si. Daí a necessidade de um Estado forte, um Leviatã capaz de coibir esses excessos. Mas o que poderia garantir a obediência às regras, às obrigações, aos contratos estabelecidos pelo Estado? O medo. Somente esse afeto permitiria que os homens se afastassem do estado de natureza para construir uma vida em sociedade. "De todas as paixões, a que menos faz os homens tenderem a violar as leis é o medo", escreve Hobbes no *Leviatã* (1651/2003, p. 253). Mas acrescenta: "ele é também a única coisa que leva os homens a respeitá-las". Para esse filósofo inglês, o medo enquanto paixão sustenta o Estado, as leis e o próprio vínculo social. Hobbes lembra que "todos os países, embora estejam em paz com seus vizinhos, ainda assim guardam suas fronteiras com homens armados, suas cidades com muros e portas, e mantêm uma constante vigilância". É este o sentido da conhecida citação hobbesiana de Freud: "O homem é o lobo do homem".

O medo como afeto fundante do Estado está ligado à defesa do individualismo (Safatle, 2015). No horizonte político de Hobbes está o indivíduo que tem medo da invasão do outro, da perda de suas posses, do desrespeito à sua integridade. É ele a figura última dos laços sociais, e é para ele que o Estado se faz necessário: o indivíduo com sua privacidade, com seus bens e suas fronteiras que devem ser a todo tempo protegidas. Sob esta lógica individualista, o outro é sempre considerado um invasor em potencial.

A dimensão social dos afetos vai se tornar mais complexa em Carl Schmitt. Influenciado por Hobbes, esse jurista alemão, membro proeminente do Partido Nazista, abraçou as ideias hobbesianas e as transformou. Defendeu também a ideia de um Estado forte, mas fez da oposição amigo-inimigo o eixo fundamental do político (Schmitt, 1932/1992). Para ele, o político é um modo de relação na qual as pessoas se agrupam com os amigos para enfrentar os inimigos. Mas como não há garantia de que os adversários não os atacarão nem tentarão prejudicá-los de alguma forma, a oposição amigo/inimigo conduz, em seu ápice, à situação da guerra. O inimigo representa uma ameaça existencial e isso nos autoriza a matá-lo em nome de razões políticas. Segundo Jacques Derrida (2007), Schmitt termina fazendo da guerra a essência do político. Nessa glorificação da guerra – justamente o que Hobbes queria evitar – vemos o medo se combinar a outra paixão no campo político: a paixão do ódio.

Não deve nos surpreender que esse jurista alemão seja tão estudado na atualidade. A guerra tem sido uma constante mundial e o estado de violência se dissemina por todos os aspectos da sociedade; o ódio ao outro, ao estrangeiro, ao diferente, tem sido incentivado e o medo se transformou numa condição permanente. Medo e ódio como afetos políticos produzem uma sociedade que tende à paranoia, presa à ideia de que o outro, o diferente, coloca em risco a segurança e a unidade do corpo social (Safatle, 2015). Medo e ódio, combinados, alimentam um estado de insegurança absoluta: o outro quer me destruir, e é preciso destruí-lo para que a segurança, a harmonia e a paz possam reinar no campo social.

A combinação do ódio e do medo foi sempre a mola afetiva dos governos autoritários. Agora, contudo, essa combinação transformou-se numa tendência global. No século XXI, o individualismo e a concorrência, valorizados pela ordem neoliberal, erigem sociedades que exigem demais de seus membros sem lhes fornecer um chão sob os pés. A submissão do sujeito à lógica empresarial, a exigência do máximo desempenho, a ênfase na competição e a situação de estar sendo permanentemente avaliado são correlatos a uma circulação de afetos que oscilam entre o ódio, o medo e o terror. Eliminar os que não obedecem às regras do jogo – prática que Achille Mbembe chamou de necropolítica – é consoante a esse circuito afetivo. *No time for losers.* Margareth Thatcher propôs e alcançou o coração e a alma dos trabalhadores.

Se concordamos que a política tem como base um modo de produção de afetos, qualquer projeto de emancipação política terá que passar, necessariamente, por uma mudança nas formas de sensibilidade, nas formas de afetar e de ser afetado nas relações. Mas seria possível pensar as sociedades a partir de outro circuito afetivo, um circuito que não tenha a paixão do medo ou do ódio como fundamentos?

A psicanálise mostra aqui, mais uma vez, o seu vínculo com a política. Assim como o trabalho clínico pode desativar os afetos que alimentam as formas de sujeição do desejo, ele também é capaz de fomentar outros afetos que favoreçam a liberdade subjetiva – um trabalho que, por si só, já seria político. Sobre este último ponto, vale destacar a obra de Sándor Ferenczi. Uma das marcas distintivas desse psicanalista húngaro foi a importância que ele concedeu aos afetos; outra foi sua persistente afinidade com o lado mais frágil da corda – o das minorias – em todas as formas de relacionamento: nos vínculos políticos e sociais, nas relações entre crianças e adultos, homens e mulheres, homossexuais e heterossexuais, pacientes e analistas. Pretendo aqui dar destaque a uma delas: a relação entre crianças e adultos, implicando a confusão entre paixão e ternura que se encontra na gênese da concepção ferencziana de trauma.

Ferenczi sempre se interessou pela criança em sua posição de vulnerabilidade diante do poder do adulto. Essa vulnerabilidade, contudo, nunca foi para ele sinônimo de impotência: a criança é um ser que pensa, cria, elabora, apresenta um saber e um modo de percepção até maior do que o do adulto. Esse modo próprio de ser se expressa através de uma linguagem, como ele a chama – a linguagem da ternura.

Mas esta acaba sendo mais um modo afetivo do que um modo linguístico, propriamente dito. De fato, a despeito do título *Confusão de língua entre os adultos e a criança* (1933/1992b), não é a linguagem a protagonista da cena traumática. Mesmo que Ferenczi atribua aos adultos uma linguagem da paixão em contraponto à linguagem da ternura infantil, a confusão que se dá entre eles não é linguística; o que provoca o trauma é a invasão das paixões dos adultos sobre o universo terno da criança.

Vale lembrar que o título original do artigo não era "Confusão de língua", tal como foi publicado em 1933, e sim "As paixões dos adultos e sua influência sobre o desenvolvimento e o caráter da criança". Originalmente o título sugere que um vetor apaixonado parte dos adultos e se impõe unidirecionalmente sobre a criança. Não se trata, portanto, de uma confusão *entre* crianças e adultos, mas sim de adultos que se confundem, não se dando conta de que elas sentem, percebem e se movem a partir de outro registro afetivo (Verztman, 2020). Envolvida na ternura, a criança se apresenta vulnerável à possibilidade do traumático. Este ocorre quando seu modo de ser, sua percepção e seus afetos são desconsiderados e/ou desautorizados pelo adulto que, voltado apenas para si mesmo, quer apenas viver sua paixão, invadindo-a e violentando-a.

Qual é a diferença entre paixão e ternura? São dois modos de lidar com os afetos, dois modos de relação consigo mesmo e com o mundo. A paixão como linguagem dos adultos envolve, para Ferenczi, emoções fortes e incontroláveis. Podemos figurá-la como uma linha reta, incisiva, tanto em seu movimento de se lançar sobre o outro quanto no de defender-se dele. O medo e o ódio são dois exemplos: no registro das paixões eles aparecem cegos, taxativos, peremptórios. Isso já teria indicado Hobbes, ao dizer: "A única paixão da minha vida foi o medo". Já a ternura constitui outro tipo de afetação, mais fluida e porosa, abrindo uma superfície de comunicação mais ampla com o mundo exterior. É mais permeável ao outro e às potencialidades da experiência. Constitui um mundo no qual a individualidade dos contornos, a fixidez das imagens e a solidez das ideias se dissipam, dando lugar a outras formas de ser e de comunicar-se, menos excludentes, mais relacionais e interdependentes.

Se o modo afetivo da ternura, aberto à heterogeneidade, torna quem nele está imerso mais vulnerável ao trauma, esta precariedade de defesas não é vista por Ferenczi de maneira apenas negativa: a criança menos provida de filtros comunica-se mais extensamente com o universo, o que permite que ela "saiba muito mais sobre o mundo do que permite o nosso estreito horizonte" (Ferenczi, 1932/1990, p. 190). De fato, os órgãos dos sentidos dos adultos excluem mais do que percebem; eles servem, "no essencial, para excluir uma grande parte do mundo externo (de fato, tudo, exceto o que é útil)" (1932/1990, p. 190). Já a ternura infantil dota as crianças de uma capacidade criativa e de uma sensibilidade bem maior do que a dos adultos, mantendo-se "em ressonância com o mundo circundante" (1932/1990, p. 117). O psicanalista húngaro chega a mencionar a "suprema sabedoria e onisciência infantis", afirmando que é a regressão a um estado poroso, mais fragmentado, que torna os médiuns, os psicóticos e os "bebês sábios" tão sensíveis e sagazes nas suas relações com o ambiente. (Ferenczi, 1932/1990, p. 118).

Podemos ver assim o quanto a ternura de Ferenczi difere da ternura de Freud: a ternura freudiana provém de uma pulsão inibida em seu alvo, enquanto a ternura ferencziana é a condição básica de um tipo de inteligência sensível que funciona em um registro diverso tanto da razão quanto da paixão (Hárs, 2015). Ainda assim, ela se mantém atravessada pelo pulsional: Ferenczi não abdica das pulsões, tanto das pulsões sexuais quanto da pulsão de morte. A linguagem da ternura não é desprovida de sexualidade, nem tampouco é o resultado de uma sexualidade inibida; trata-se de um outro modo de experimentar e expressar o sexual, polimorfa e nomadicamente. Da mesma maneira, a pulsão de morte permeia a ternura. Na perspectiva não dualista de Ferenczi, *Thanatos* se encontra a serviço da vida: decompõe as unidades, fragmenta, mas não exclui nem aniquila, fornecendo matéria para outras criações. Assim, a ternura não é isenta de agressividade, mas apresenta outra maneira de vivê-la e de manifestá-la, sem a violência e a contundência da paixão. A agressividade pode ser exercida de forma vital, tema que Winnicott mais tarde soube desenvolver bastante bem.

É importante marcar que ternura e paixão não constituem dois mundos radicalmente separados. Ferenczi nunca afirmou que uma criança não experimenta a paixão, nem que para o adulto a ternura se perdeu para sempre. Sempre adepto das misturas, ele não poderia propor nenhuma divisão do mundo em duas partes. O que ele postula é que as relações abusivas se dão quando alguém, tomado pela paixão, coloniza um outro que se encontra, grande parte das vezes, vivenciando um registro afetivo mais poroso. A distinção entre os dois modos afetivos não está referida simplesmente às fases da vida, já que o lugar da criança na obra ferencziana é extenso, complexo, não se restringindo a um estágio do desenvolvimento que deve ser ultrapassado no processo de maturação. Um bom exemplo é o título de um de seus últimos artigos: *Análise de crianças com adultos* (1931/1992a).

A ideia principal deste texto é que a criança está presente no adulto. É sua dimensão sensível, vulnerável, criativa, e é com ela que o analista deve se comunicar, principalmente no caso de pacientes traumatizados. E como o analista a alcança? Situando-se na mesma linha de seu paciente, ou seja, acessando sua própria dimensão infantil e terna. Ferenczi escreve em seu *Diário clínico* (1932/1990, p. 91) que em certos momentos de uma análise "a impressão que se tem é a de duas crianças igualmente assustadas que trocam suas experiências e que, em consequência de um mesmo destino se compreendem e buscam instintivamente tranquilizar-se". Aqui estamos longe de uma relação vertical e hierárquica entre analisando e analista, na qual este ocuparia o lugar de suposto saber. Há a suposição de uma comunidade entre eles – uma mesma "comunidade de destino", afirma Ferenczi – que pode se constituir horizontalmente a partir da vulnerabilidade de seus membros, paciente e analista. Vale lembrar que uma comunidade de destino é algo bem diverso de uma comunidade de origem, pautada em laços de sangue ou de nacionalidade; ela ocorre quando pessoas se reúnem, sem lideranças ou certezas prévias, para discutir ou construir um destino comum.

Não é difícil perceber aí uma crítica aos jogos de poder que se dão no próprio dispositivo psicanalítico. Sem negar sua verticalidade, Ferenczi introduz uma horizontalidade possível nos vínculos entre analista e analisando. A clínica de Ferenczi, tanto em seus questionamentos quanto em suas proposições, é claramente política (Gondar, 2017). Conhecido como *enfant terrible*, ele sempre se afinou com as relações horizontais e se inclinou na direção dos que se mostravam, sem disfarces, como vulneráveis. Talvez porque ele mesmo se reconhecesse desse modo.

Isso fortalece nossa hipótese de se estender ao campo político mais amplo a importância do circuito afetivo. Se a ternura é uma forma de sensibilidade infantil, ela é também, como nos mostra o exemplo da "análise de duas crianças", o modo afetivo predominante nos vínculos criados a partir de um despojamento comum, ou seja, nas relações de solidariedade por despossessão. Sob este aspecto, a ternura remete à noção de vulnerabilidade teorizada por Judith Butler.

Para Butler (2006), o que constitui o laço social entre os membros de um grupo ou de uma sociedade não é o fato de terem o mesmo Pai, o mesmo líder ou o mesmo ideal; o que faz laço é a vulnerabilidade presente em cada um. É ela que se encontra na raiz do sentimento de solidariedade – e não da caridade ou da filantropia, práticas que mantêm o lugar do poder –, na medida em que todos nós somos despossuídos. Não se trata de desamparo – noção que fala de uma condição constitutiva, quase ontológica, remetendo a uma nostalgia do Pai. Diferentemente disso, a vulnerabilidade não faz apelo a qualquer Pai ou ideia transcendente; todos somos vulneráveis porque estamos, de saída, lançados em um mundo de outros. Se há nessa noção alguma ontologia, trata-se de uma ontologia social. É nas relações – e não por nossa constituição – que nos apresentamos vulneráveis, sujeitos às perdas, aos traumas, às intempéries, ao reconhecimento por parte do outro ou à sua ausência.

Essa posição nos aponta a relação de interdependência que mantemos com todos os outros seres, humanos e não humanos. Não seria possível, a partir da teoria de Butler, valorizar qualquer forma de individualismo; se nos reconhecemos como interdependentes, a própria ideia de indivíduo se mostra inconcebível (Butler, 2021). Assim como se torna criticável a contraposição entre um *nós* e um *eles*, modos apenas alargados de uma mesma lógica individualista: se o *eu* é sempre atravessado pelo *tu*, não posso eliminar ou desconsiderar o *tu* sem eliminar ou desconsiderar partes de mim mesma. É sob essa ótica que Butler pode enunciar seu dito famoso: todas as vidas importam. O grande problema político reside no fato de que algumas vidas são tidas como mais relevantes – mais enlutáveis, diz ela – do que outras (Butler, 2006). Em consequência de seus valores desiguais, algumas vidas têm sua vulnerabilidade protegida, enquanto outras, não. As que não são protegidas são politicamente precarizadas, devido às circunstâncias desfavoráveis às quais essas vidas se veem expostas, muitas vezes desde o início. É contra essa precarização socialmente produzida, isto é, contra o não reconhecimento da vulnerabilidade de todas as vidas, que as lutas políticas devem se travar.

A proposta de um laço social horizontal aproxima Ferenczi de Butler. É curioso que, sob este aspecto, um psicanalista de primeira geração possa estar alinhado a uma filósofa *queer* contemporânea. Suas concepções também se entrelaçam se pensamos em condições de vida e seus modos afetivos correspondentes, pois a vulnerabilidade não é um afeto, e sim uma condição permanente e comum a todos nós, por sermos seres eminentemente relacionais. Se tivermos que corresponder a essa condição uma figura afetiva, ela não poderá ter a forma de uma paixão, sempre mais categórica e excludente. Devemos pensar em um modo de lidar com os afetos que nos torna mais porosos para os outros e mais disponíveis para a amplidão dos laços. Esse afeto é a ternura.

Ligada à vulnerabilidade e, portanto, a uma condição primeira e intransponível de qualquer ser humano, a ternura seria um modo afetivo vital e básico. Ele pode ser transmutado ou substituído por um registro mais apaixonado e menos inclusivo, se essa condição vulnerável não for afirmada nem reconhecida. Na verdade, há em toda violência, seja ela física ou psíquica, uma tentativa de negar a vulnerabilidade – tanto a nossa quanto a do outro. Um exemplo: podemos exercer a violência, ou mesmo matar em nome de um líder ou de uma ideia, mas o sentido desse ato se esvazia se reconhecemos que a condição de desapossamento é comum a todos nós. Uma forma de se defender dessa condição também acontece quando atribuímos de antemão uma vulnerabilidade a certos grupos: ao fazê-lo, nós nos consideramos diferentes deles e, portanto, invulneráveis. Assim, existem afetos ligados a construções fantasmáticas de defesa, isto é, a formas de não reconhecimento da vulnerabilidade própria ou alheia. No medo, não afirmo minha vulnerabilidade; ao contrário, tento me defender dela; tranco meus baús porque me sinto frágil diante do outro e o vejo como ameaça. No ódio, recuso-me a enxergar a vulnerabilidade do outro – tanto quanto a minha; tento então depreciá-lo e aniquilá-lo de diversas maneiras. Mas ao fazê-lo, não seria a minha própria vulnerabilidade que busco, de forma fantasmaticamente, eliminar?

Diversas configurações políticas se sustentam na negação da vulnerabilidade ao fomentar a fantasia de um líder protetor ou de um inimigo perigoso. As coisas se passam de outro modo quando a vulnerabilidade é afirmada. Essa coragem afirmativa pode ter uma função política emancipatória, visto que não conduz a resignação ou a vitimização. Afirmar a vulnerabilidade não é satisfazer-se com a condição de vítima; não se trata apenas de buscar reparação de danos sofridos diante de um poder reconhecido como tal, ainda que isso caiba, em certas circunstâncias. Demandar reparações pode ser justo, mas mantém o lugar de poder, e não é aí que reside o fundamental para a transformação política. Mais importante é a desconstrução de fantasias que, nutridas pelo medo ou pelo ódio, perpetuam a demanda por figuras de autoridade e a crença em uma força soberana transcendente.

Nesse sentido, a vulnerabilidade aparece, como propõe Judith Butler, como uma força: uma força de não violência e uma afirmação de potência, a qual proponho corresponder à ternura em sua dimensão política. Butler se insurge contra a violência de Estado que se defende contra pessoas pretas, pardas, pobres, *queers*, imigrantes, sem-teto, enfim, dissidentes de todos os tipos, como se elas fossem perigosas e portadoras da destruição. Isso justificaria sua precarização e até seu aniquilamento, já que suas vidas não são consideradas enlutáveis. A luta de Butler se baseia na solidariedade por despossessão, criando "modos de resistência e movimentos a favor da transformação social que diferenciam a agressão de seus objetivos destrutivos a fim de afirmar os potenciais vivos da política igualitária radical" (Judith Butler, 2021, p. 11).

Tal afirmação pressupõe uma crítica ao individualismo, mas, principalmente, a possibilidade de fazer circular socialmente afetos que permitem a afirmação da vulnerabilidade como nossa condição comum, ao invés de fantasias que nos defendem dela. É nesse ponto que a ternura pode nutrir a emancipação política. A ternura abre as portas da indeterminação, a porta dos possíveis, e permite acolher o que chega. Permite, assim, criar um mundo comum, alargando o campo do *nós*. Mas vale lembrar uma vez mais, com Ferenczi, que ternura não é sinônimo de impotência, puerilidade, ou ausência de agressividade. Butler segue a mesma linha ao tratar da não violência: sem agressividade ela não poderia se constituir como força: "Não temos de amar uns aos outros para nos engajarmos numa solidariedade significativa. O surgimento de uma capacidade crítica, da crítica em si, está associado à preciosa e contrariada relação de solidariedade, em que nossos sentimentos navegam na ambivalência que os constitui" (2021, p. 155).

Ao contrário da paixão que, incisiva e excludente, navega nos estados afetivos absolutos, a ternura é inclusiva. Ela recusa a onipotência das paixões para criar espaços de hospitalidade. Permite suportar a ambivalência e negociá-la politicamente, condição essencial para as práticas de não violência. Aberta ao outro, mas também à agressividade não aniquiladora do outro, a ternura pode se tornar o fundamento afetivo de formas sociais que ainda não conhecemos, liberando acontecimentos que ainda não sabemos como experimentar.

Utopia? Talvez. As utopias convocam a potência da imaginação política, já que só podemos construir aquilo que antes fomos capazes de imaginar. A criação de uma nova cultura democrática é um processo a longo prazo, mas para isso é preciso transformarmos o horizonte do que é politicamente possível, processo que exige já uma mudança no circuito dos afetos. É preciso imaginarmos outros mundos afetivamente possíveis para vivermos de uma forma não violenta, experimentando uma convivência política menos desigual e mais justa, principalmente em países imersos em uma cultura do ódio, como o Brasil.

## *Referências*

Butler, J. (2006). *Vida precária: el poder del duelo y la violencia*. Buenos Aires: Paidós.

Butler, J. (2021). *A força da não violência: um vínculo ético-político*. São Paulo: Boitempo.

Derrida, J. (2007). *Força de lei: o fundamento místico da autoridade.* São Paulo: Martins Fontes.

Ferenczi, S. (1990). *Diário clínico.* São Paulo: Martins Fontes. (Trabalho original escrito em 1932).

Ferenczi, S. (1992a). Análise de crianças com adultos. In S. Ferenczi, *Obras completas, Psicanálise IV.* São Paulo: Martins Fontes. (Trabalho original publicado em 1931.)

Ferenczi, S. (1992b). Confusão de língua entre os adultos e a criança. In S. Ferenczi, *Obras completas, Psicanálise IV.* São Paulo: Martins Fontes. (Trabalho original publicado em 1933.)

Freud, S. (1976). Psicologia de grupo e análise do ego. In S. Freud, *Edição Standard Brasileira das Obras Psicológicas Completas de Sigmund Freud* (Vol. XVIII). Rio de Janeiro: Imago. (Trabalho original publicado em 1921.)

Gondar, J. (2017). Ferenczi como pensador político. In E. Reis, J. Gondar, *Com Ferenczi: clínica subjetivação, política.* Rio de Janeiro: 7Letras.

Hárs, P. (2015). O conceito de paixão no Diário clínico de Ferenczi. *Tempo Psicanalítico,* Rio de Janeiro, 47(1), 9-21.

Hobbes, T. (2002). *Do cidadão.* São Paulo: Martins Fontes. (Trabalho original publicado em 1634.)

Hobbes, T. (2003). *Leviatã.* São Paulo: Martins Fontes. (Trabalho original publicado em 1651.)

Safatle, V. (2015). *O circuito dos afetos: corpos políticos, desamparo e o fim do indivíduo.* Belo Horizonte: Autêntica.

Schmitt, C. (1992). *O conceito do político.* Petrópolis, Vozes, 1992. (Trabalho original publicado em 1932.)

Thatcher, M. (1981). *Interview for Sunday Times*, 01/05/1981.

Verztman, J. (2020). Algumas consequências teórico-clínicas da confusão de línguas. In D. Kupermann, J. Gondar, E. Dal Molin (Orgs.), *Ferenczi: Inquietações clínico-políticas*. São Paulo: Zagodoni.

# 2. Ferenczi, processos de subalternização e testemunho[1]

*Julio Sergio Verztman*

O intuito desta aula é aproximar algumas intuições seminais de Ferenczi com problemáticas contemporâneas, tanto relativas à complexidade de nosso laço cultural quanto aos desafios clínicos correlacionados. Vou listar sumariamente alguns aspectos que me serviram de motivação:

1. A elitização crescente do exercício clínico e da formação psicanalítica, desde seu surgimento até muito recentemente (Verztman, 2023, Andrade, 2023). Por elitização designo uma engrenagem que restringe a prática e a formação psicanalítica a pessoas das elites culturais e econômicas.

2. A adesão irrefletida por parte da imensa maioria dos praticantes da psicanálise aos valores dos marcadores sociais (raça, classe, gênero, cultura e língua) dessas mesmas elites.

3. A grande solidariedade entre alguns balizadores teórico-clínicos da nossa disciplina e esses marcadores sociais, o que torna nossa práxis potencialmente excludente de dimensões decisivas da

1 Este capítulo é uma versão escrita da minha aula no Curso preparatório para a Conferência Internacional Sándor Ferenczi, ministrada em 2023.

alteridade. Isto porque muitas vezes usamos esses valores da elite para definir o que é analisável.

4. A consequente assertiva, bastante popular em nosso meio, de que a prática clínica diz pouco respeito aos modos sociais de dominação, devendo incidir prioritariamente sobre a amarração singular das formas de sofrimento. A relação entre estas amarrações singulares e formas violentas de dominação social constitui uma lacuna de saber ideologicamente construída. E esta lacuna repousa em uma confusão entre as esferas "singular" e "individual".

5. A suposição de que as ditas amarrações singulares são potencialmente capazes de serem expressas universalmente pelos sujeitos, independente de seus marcadores sociais. Deste modo, certas formas de subjetivação são impostas como ideais para a realização de uma análise, excluindo do benefício de nossa escuta sujeitos com outras modalidades de subjetivação, especialmente aqueles distantes do modelo eurocentrado.

6. A crença de que as formas de sofrer e as formas de adoecimento, nosso objeto primordial de trabalho, ocorrem sob leis formais de uma psicopatologia que circula entre nossa categoria de origem, a neurose, e seus "outros".

7. Minha aposta aponta para Ferenczi ser um autor capaz de embaralhar as cartas e, numa analogia com o baralho, fazer com que descartemos algumas e adicionemos outras à nossa mão.

8. O que estou denominando *processos de subalternização* me pareceu um modo de juntar as cartas no baralho construído por Ferenczi e suponho que esta forma de jogar pode nos fazer repensar nossas possíveis participações em processos que reiteram o silenciamento de figuras de alteridade.

## *Subalternização*[2]

Como descrevi em artigo recente (Verztman, 2023), recorrendo a Ayouch (2019), os processos de subalternização estão relacionados com outros dois processos: a alterização e a minorização. Podemos definir o processo de *alterização (outrificação)* como aquele que torna *outro* um sujeito particular a ser inserido no conjunto de *sujeitos outros* em uma comparação com o sujeito tipo, alçado à posição de norma por esta mesma sociedade. Este sujeito tipo, curiosamente, não é passível de *alterização*. Definimos o processo de *minorização* como a ratificação desta alteridade como alteridade minoritária, não tomada em termos quantitativos, mas sim em termos qualitativos relacionados à sua disparidade de poder em comparação com este sujeito tipo. Os grupos minoritários são aqueles considerados em inferioridade ou em dependência em relação a grupos de sujeitos considerados superiores e autônomos. E, por fim, definimos a *subalternização* como a construção definitiva de uma hierarquia de todas as ordens, social, econômica, epistêmica, psíquica, cultural e até mesmo física, a qual produz barreiras difíceis de serem transpostas por aqueles que são considerados, de modo naturalizado, como subalternos. Defendo, em boa companhia, que estes temas continuem sendo pensados pela psicanálise e não apenas por outros saberes conexos. É preciso enfatizar que tais processos têm sua origem em vínculos sociais historicamente construídos e o sofrimento daí derivado é correlato a uma violência subjetiva de grandes proporções.

## *Subalternização x subalternidade*

O termo *subalterno* é utilizado em diversos campos teóricos para caracterizar a pessoa sobre a qual incide, em uma dada sociedade, a condição de subalternidade. Tal condição é sempre concebida como

2 Ressalto que o parágrafo acima está incluído integralmente em Verztman (2023).

a ratificação de uma natureza deficitária em comparação com o sujeito considerado como membro de uma determinada elite. É muito importante perceber que ao ser definido como subalterno, este sujeito passa por um processo de expropriação subjetiva, na medida em que se operará uma hierarquização de valores nos quais tudo aquilo que *ele não* é ocupará o ápice artificial de seus ideais. O que ele deveria ser, mas jamais será – em função de engrenagens coercitivas de dominação – serve como bússola em um deserto intransponível.

Definir alguém como subalterno, portanto, já é fazer incidir sobre ele a criação de uma fenda em sua experiência de ser, que pode ser um motivo silencioso ou indizível de sofrimento. Acredito que as palavras subalterno ou subalternidade possam ratificar ou naturalizar posições que tornam indizíveis e inaudíveis todo um campo discursivo e relacional.

Já "processos de subalternização" me parece trazer a dupla vantagem de ressaltar a dimensão processual da produção de uma posição subalternizada, como também apontar para a violência na origem de uma injunção dessa ordem. Subalternizar e ser subalternizado se tornam figuras pensadas dentro de contextos intersubjetivos de assimetria de poder e com lógicas específicas de dominação e de objetificação da alteridade.

Vejamos. Em seu livro seminal *Pode o subalterno falar?* (2010), Gayatri Spivak forneceu coordenadas para responder negativamente a esta questão. Ao invés de imaginar qualquer aspecto deficitário na pessoa subalternizada, que torne essa negativa uma verdade interna da experiência, Spivak nos faz retroagir na pergunta para avaliar como esta aprisiona este suposto sujeito, num silêncio eterno. Em primeiro lugar, a única unidade capaz de ser criada pela expressão *subalterno* é a expropriação subjetiva comum a todos aqueles que dividem com ele essa condição. Os subalternos não existem. O que temos são sujeitos heterogêneos e dispersos que foram justamente destituídos de sua diferença para serem homogeneizados pela subalternidade.

Em segundo lugar, como pergunta Spivak: "Com que voz-consciência o subalterno pode falar?" (Spivak, 2023, p. 78). É preciso que ele fale com a voz de sua subalternidade? É preciso, acrescento, que ele fale em outra língua? Em terceiro lugar, quando ele tenta falar, alguém é capaz de escutá-lo (Canavez e Verztman, 2021)? Esta última questão é decisiva para a psicanálise. Se nossa disciplina surgiu da suposição freudiana de que algo em nós, ou entre nós, sempre está buscando vias de expressão, que este algo sempre fala, mesmo que não saibamos disso, podemos supor que o sujeito subalternizado está sempre falando, nós é que muitas vezes não o escutamos. E não escutamos por uma resistência ativa de nossa parte. Se quisermos seguir os ensinamentos de Ferenczi, precisamos enfrentar, em nossa carne, tais resistências.

Antes de fazer uma articulação com a teoria do trauma de Ferenczi, vamos discutir rapidamente o que pode representar um caminho específico dessa resistência, profundamente comprometido com o conjunto de práticas, concepções e tradições denominadas de *colonialidade* (Bernardino-Costa, Maldonado-Torres & Grosfoguel, 2018): a nossa fantasia de que devemos salvar o "subalterno". Que a salvação do sujeito subalternizado depende de nós. Spivak (2023, p. 123) formula deste modo a proibição por parte dos colonizadores ingleses da prática difundida na Índia colonial, conhecida como sacrifício ou martírio das viúvas: "homens brancos estão salvando mulheres de pele escura de homens de pele escura". Fazendo uma analogia, esta fantasia não é incomum para analistas em análises nas quais supomos que o sujeito subalternizado precisa ser salvo de alguém que o oprime (este alguém é sempre um outro) e nos cabe esta árdua incumbência de salvá-lo. Mesmo que essa incumbência nunca tenha sido expressa pelo "subalterno". E essa formulação cobra seu preço:

> *Pode talvez ser apreendido até mesmo quando dito às claras; homens brancos, procurando salvar mulheres de*

> *pele escura de homens de pele escura, impõem sobre essas mulheres uma constrição ideológica ainda maior ao identificar, de forma absoluta,* dentro da prática discursiva, *o fato de ser boa esposa com a autoimulação na pira funerária do marido (Spivak 2023, p. 152).*

Retornando à analogia com a cena analítica, por vezes imaginamos que devemos salvar o subalternizado de alguém ou de alguéns que divide(m) com ele um traço de grande proximidade que nós, seres de "outra natureza" (não subalternizados), não possuímos. E ao fazermos isso contribuímos para uma reificação subjetiva de maiores proporções. Voltaremos a esta questão no final da aula.

## *A subalternização na teoria do trauma*

Fernanda Canavez e eu (Canavez e Verztman, 2021), em um artigo recente, sugerimos que os desafios colocados pela clínica com sujeitos subalternizados caracterizam um enfrentamento *princeps* da psicanálise. E não devemos encarcerar este desafio criando serviços ou dispositivos específicos para essas situações. Ferenczi nos inspira a perceber que o precoce despojamento daquilo que define uma singularidade (como no caso da subalternização) é tão comum quanto a ocorrência de abusos variados, incluindo os sexuais. A dissimetria de poder e de papéis entre crianças e adultos se torna um palco, uma metáfora ou um campo no qual a objetivação da alteridade contribuirá para a estabilização de identidades subalternas. Um sujeito subalternizado é alguém cuja plasticidade para satisfazer suas próprias necessidades se encontra extremamente limitada, em detrimento das necessidades de quem Ferenczi denominou agressor. Denominar agressor um adulto, e não uma criança – mesmo que em situações concretas o agressor visível possa não ser um adulto –, é chamar nossa atenção para as responsabilidades assimétricas que os adultos adquirem diante de uma criança. Ferenczi defende um pacto social no qual as crianças devem ser protegidas não só de suas excitações pulsionais, mas especialmente da pletora de excitações daqueles que a rodeiam, incluindo os adultos cuidadores.

Construindo esse quadro de referência, um adulto suficientemente bom, parafraseando Winnicott, é alguém com uma experiência suficiente de ambiguidade e de ambivalência diante da criança. Ambiguidade que se caracteriza por: mesmo que este adulto seja levado a tensionar certos limites no que tange à "linguagem da paixão", ele será capaz de reconhecer minimamente esta inclinação, e consequentemente proteger a criança. Isto o proverá também de algum discernimento para reconhecer modos disruptivos que ocorrem na mesma direção, vindo de figuras próximas. Sua identificação pré-reflexiva com as necessidades da criança, necessidades que já foram as suas, será um importante antídoto contra a subalternização.

Se aplicarmos o disposto para as duas figuras que compõem o trauma na versão final da obra ferencziana, percebemos que há uma dupla falha na produção da ambiguidade. A primeira é caracterizada pelo agressor não construir barreiras para proteger a criança de sua pulsionalidade disruptiva. Ou, quando as constrói, isto se faz de modo tardio e defensivo, tal como ocorre na emergência de um sentimento de culpa incognoscível e paralisante para a criança. Este não impede, ou até mesmo acelera, a progressão traumática. A segunda falha, decisiva para a traumatogênese, ocorre exatamente por uma função terceira não se cumprir. O terceiro que desmente a experiência da criança é alguém que apresenta impasses momentâneos ou permanentes em viver a ambivalência. Seu vínculo amalgamado com a figura do agressor ou aquilo que ele representa o impede de atestar, em algum registro, a realidade da agressão e a ratificar, consequentemente, a experiência sensorial e afetiva do *enfans*. O soterramento ontológico do universo infantil oblitera a emergência da ambiguidade e da polissemia próprias das figuras da *terceiridade*, entre as quais, mas não só, as originadas das vivências edípicas.

Ora, essa configuração relacional da traumatogênese descrita por Ferenczi é profundamente inspiradora para pensar situações mais amplas que as representadas pelo romance familiar e pode oferecer subsídios para compreender os processos de subalternização. Isso porque o trauma, pelo menos aqueles que podemos caracterizar como desestruturantes, articula dois modos de desproteção da criança diante de seu ambiente. São sempre dois adultos, que de modo *aconflitual*, ao menos na percepção da criança, contribuem para a ratificação do trauma. Mesmo que em situações extremas de vulnerabilidade esta divisão de papéis seja desempenhada por um só adulto (Pinheiro, 2020). Suponho que as experiências sociais de subalternização tenham acrescido a isso a extensão do processo de desmentido para o âmbito da cultura e das relações sociais. Afinal de contas, as figuras do agressor e deste *não* terceiro não brotaram de suas idiossincrasias de origem. Assim, sujeitos e grupos subalternizados guardam com a *criança traumatizada ferencziana* pontos importantes de contato.

Vamos comentar apenas um destes pontos: ambos terem sido alvo de violência. Antes de buscar uma definição mais precisa do que estamos chamando de violência, é importante discutir por que Ferenczi utiliza a expressão "agressor" em sua teoria do trauma. Não fiz uma revisão extensa sobre o tema, mas creio que a expressão "agressor" não é comum na obra de Freud, a não ser nas suas primeiras teorizações sobre a sedução. O privilégio conferido por Freud, em grande parte de sua obra, ao interjogo pulsional e ao conflito entre instâncias psíquicas, não permitiria que ele encontrasse um lugar inteligível para o agressor nesse quadro nocional. Isto porque o agressor trazido à tona por Ferenczi é uma figura humana, um grupo humano ou um ambiente humano, que se destaca do contexto onde a vida se dá. Além de ser uma figura humana, e, portanto, estamos aqui no terreno da intersubjetividade, o agressor não tem sua marca definida por sua agressividade. A agressividade é um móvel basilar de nossa existência subjetiva e, na hipótese de Winnicott (2000 [1950]), é aquilo que nos leva em direção ao encontro do mundo. A agressividade, seja em qual intensidade ocorrer, não define a operação posta em marcha pelo agressor. Ao contrário, algo que se transveste de agressividade, sem sê-la, produz um curto-circuito que retira do *agressor ferencziano* a necessidade de oposição constituinte de sua relação com a alteridade. Este algo é a violência. Talvez a palavra violentador (ou violador) seja mais precisa para descrever esta figura.

## *Um breve recorte sobre a violência*[3]

Será suficiente para meu argumento a definição de violência feita por Jurandir Freire Costa em "Violência e psicanálise" (Costa, 2021 [1984]). Jurandir demonstrou que, salvo raras exceções – e Ferenczi é uma delas –, a literatura psicanalítica, incluindo certos textos freudianos, tendeu a banalizar ou a sacralizar a violência. Diz ele:

> *Indo de um polo a outro, a psicanálise entra no compasso das ideologias modernas. Fala da violência diluindo seu impacto e atenuando seu horror. Pois, no momento em que a define como sinônimo da morte, do que há de impensável e intocável na experiência humana,* sacraliza-a. *E no momento em que a define como a "condição de possibilidade natural" do existir humano (dado seu caráter de impulsão primeira e permanente do psiquismo),* banaliza-a. *A violência torna-se o trivial variado de toda atividade ou experiência psíquica, dando seu toque*

3 Esta seção da aula constitui também parte de meu artigo recente "As violências e a psicanálise" (Verztman, 2024).

> *inconsciente, ao sonho, à sexualidade, à relação inevitável com o outro, etc. (Costa, 2021 [1984], p. 28).*

Ou seja, ao insistir na violência como homogênea à origem traumática do psiquismo, tornando quase sinônimos toda injunção traumática e a violência, não conseguimos mais especificar de que violência estamos falando. Da mesma forma, se a violência é um componente inevitável de nosso devir, em função de nossa destrutividade inexorável e da face mortífera que nos unifica, não conseguimos compreender como a violência é um terreno capital da desigualdade.

Indo direto ao nosso ponto, escutemos uma das definições, fundamentalmente intersubjetiva, que Jurandir dá para a violência:

> *Violência é o emprego* desejado *da agressividade com fins destrutivos. Esse desejo pode ser voluntário, deliberado, racional e consciente, ou pode ser inconsciente, involuntário e irracional. A existência desses predicados não altera a qualidade especificamente humana da violência, pois o* animal não deseja, o animal necessita...
>
> *Nada disso ocorre na violência do homem. O objeto de sua agressividade não só é arbitrário como pode ser deslocado. Este pressuposto é indissociável da noção de irracionalidade que acabamos de mencionar e corrobora a presença do desejo em qualquer atividade humana, inclusive na violência. É porque o* sujeito violentado *(ou o observador externo à situação) percebe no* sujeito violentador o desejo de destruição *(desejo de morte, desejo de fazer sofrer) que a* ação agressiva ganha o significado de ação violenta *(Costa, 2021 [1984], p. 45).*

Examinemos alguns aspectos da citação anterior. A noção de desejo ocupa o centro de gravidade da proposta de Jurandir. Como sugerem Laplanche e Pontalis (Laplanche e Pontalis, 1986, p. 158-160), Freud esteve longe de desfazer as inúmeras ambiguidades e imprecisões quanto ao uso deste termo, embora haja poucas dúvidas de que foi o sonho a sua principal fonte de exploração do movimento desejante no psiquismo. Garcia-Roza (1994) sugere uma especificidade para o desejar que dificulta a aplicação da palavra *satisfação* em sua semântica: "o que pretendo reter, por enquanto, é a afirmação de que um desejo é uma ideia ou um pensamento" (p. 83). Não precisamos seguir inteiramente sua proposta, desproporcionalmente representacional, para marcar algum nível de heterogeneidade entre a realização do desejo e a satisfação pulsional. A realização de desejo – movimento sempre inconcluso mobilizado tanto por vias regressivas propiciadas pelo universo pulsional quanto por vias progressivas propiciadas pelo encontro com o mundo e com a alteridade – não pode se confundir com a experiência originária ou substitutiva de satisfação definida pela pulsão. Desejo implica organização, a estabilização de certas posições subjetivas no mundo, na construção do terreno da fantasia e, especialmente, nas solicitações que fazemos e nas afetações que sofremos, em nossas relações de objeto. Desse modo, o desejo de destruição não pode ser derivado exclusivamente de nossas "pulsões agressivas" (sejam elas quais forem) ou de qualquer destino da pulsão de morte. Para Jurandir, *a violência* é o emprego desejado da *agressividade*. Ela seria, portanto, uma das formas de uso da agressividade, e não sua consequência natural. E tal uso é mediado por um tipo específico de desejo, *o desejo de destruição* ou de *fazer o outro sofrer*. Como Winnicott (2000 [1950]) demonstrou de forma magistral, não podemos confundir a agressividade originária que nos impele em direção ao mundo – não na busca de satisfação, e sim na busca de oposição – com a crueldade, com o intuito de destruição ou de sofrimento alheio. A nossa impiedade primitiva não visa à produção de dor ou de aniquilamento. Ela é simplesmente o que anima o nosso movimento rumo à alteridade e sua consequência dependerá da interação que nosso gesto despertar. Deste modo, o emprego desejado da agressividade com a finalidade de subjugar o outro, de aniquilá-lo, de fazê-lo sofrer ou de reduzi-lo a um objeto passivo da nossa própria subjetividade dependerá de operações complexas as quais transcendem qualquer destino pulsional específico.

Jurandir introduziu um elemento decisivo em sua formulação a fim de abrir caminho para uma concepção intersubjetiva (e não exclusivamente pulsional) da violência: *o sujeito violentado ou uma testemunha da violência percebe no sujeito violentador o desejo de destruição ou de aniquilamento*. Violência é a palavra que usamos sempre que uma ação ou um conjunto de ações for percebida (conscientemente ou não) como portadora de uma intenção destrutiva. Tal ação exclui arbitrariamente o seu alvo do direito de fruir de aspectos basilares de sua existência subjetiva. Geralmente interpretamos algo como violento quando percebemos que acordos básicos para nossa sociabilidade são rompidos, que valores inegociáveis de nossas vidas são invalidados, que potencialidades definidoras da variabilidade humana são interrompidas pela ação calcada num desejo explícito de destruição. Como a violência é um acontecimento relacional, e não exclusivamente pulsional, tudo aquilo que a move deixa rastros, planos de afetação, impactos subjetivos, formas de visibilidade, enunciados e enunciações. Todos estes elementos são capazes de ser reconhecidos (mesmo que não conhecidos) pelo sujeito violentado ou por diversas formas de testemunho. Podemos acrescentar que quanto maior for o impacto da violência, mais o seu reconhecimento pelo sujeito violentado se torna deslocado, desfocado, invisibilizado e sua origem exógena se mistura com sua própria subjetividade. Aqui encontramos um ponto de encontro entre um tipo específico de trauma e a violência. Enfrentar seus efeitos é desafio central da clínica psicanalítica contemporânea. É exatamente neste contexto que as palavras "clínica" e "testemunho" são convocadas conjuntamente para pensar algumas de nossas funções como psicanalistas na atualidade.

A convocação do nosso testemunho se torna crucial para que a violência possa ser reconhecida. E esse reconhecimento é uma operação psíquica, clínica – e, por que não dizer, política – decisiva para o tratamento e o cuidado daqueles que sofreram suas consequências.

## *A função de testemunho*

Vamos agora examinar algumas entradas do "diário clínico" (Ferenczi, 1990), procurando encontrar propostas que consubstanciem uma visada menos representacional, narrativa, historicizada ou de revivescência do trauma na clínica com sujeitos traumatizados. O "Diário" é um texto de leitura difícil e um verdadeiro emaranhado de temas complexos, já que é um exato reflexo da experiência clínica de Ferenczi no período. Meu foco será discutir de que modo o traumatismo proposto por Ferenczi apresenta duas características que lhe pareciam barreiras quase intransponíveis ao desenvolvimento de uma análise. A primeira era exatamente o estado de *confusão* que cinde as fronteiras entre experiência e não experiência. A confusão atinge dimensões básicas e pré-reflexivas de estar no mundo, como a temporalidade, a dinâmica espacial interno/externo, a noção de identidade e a integração entre estados psíquicos como afetos, cognição e disposição para a ação. Isto faz com que o sujeito sofra o efeito do trauma sem ter tido a possibilidade de experimentá-lo em larga medida. O trauma é vivido como irrealidade, como acontecido e não acontecido e cada uma destas possibilidades vai criando sua própria realidade.

Para Ruth Leys (2000), Ferenczi usa, por vezes de forma intercambiável, duas acepções distintas de trauma que ela denomina de *trauma originário* e *trauma pós-originário*. Não vou me alongar na sua descrição. Em suma, o trauma originário está na origem do surgimento do Eu. O trauma pós-originário se dá posteriormente à estabilização egoica e possui a configuração mais conhecida entre nós.

Essa liberdade com que Ferenczi utilizou ambas as concepções para se referir ao traumático faz supor que o trauma circule em um espaço-tempo indeterminado e não possa ser propriamente localizado nem nas origens nem em qualquer evento posterior. Enquanto para Freud o trauma era articulado em dois tempos, sendo o *a posteriori* aquilo que conferia o seu efeito, para Ferenczi, um outro tipo de trauma congelava o tempo. A separação primária sujeito/mundo (trauma originário) se amalgamava anomalamente a acontecimentos posteriores que de certa forma anulavam essa operação (trauma pós-originário), tornando quase impossível o *a posteriori* traumático. Este tipo de trauma só poderia progredir (o que Ferenczi denomina de progressão traumática), mas não se articular em um tempo *a posteriori*.

A insistência de Ferenczi em um campo de indiferenciação relativa entre descrições heterogêneas de trauma sugere que a articulação entre elas caracteriza o trauma desestruturante. Há formas precoces problemáticas de separação entre o eu e o mundo que encontrarão uma estabilidade traumática a partir da sua articulação com situações posteriores. São certas relações primárias de recepção ambiental que estavam na mira de Ferenczi. Estas criariam vulnerabilidades na construção de um psiquismo suficientemente pulsionalizado.

A partir dessas considerações, sugiro quatro características simultâneas e solidárias do traumatismo que são importantes para nossa discussão: 1. o trauma pode ser condensado como **um evento** que portará caráter disruptivo radical, mas ele não se limita a isso; 2. a configuração estável do evento traumático só é possível em função de um processo de subjetivação do qual o evento é apenas um ponto visível, capturado pela memória traumática. Ou seja, o trauma também é resultado de **um processo**. Curiosamente, muitas vezes só um observador externo será capaz de reconhecer tal processo. Mas não menosprezemos esta característica. O processo estar disponível potencialmente para reconhecimento pela alteridade (especialmente para o analista) é decisivo para a clínica do trauma; 3. no entanto, o trauma é também **um antiprocesso**, já que a temporalidade processual, especialmente em seu teor de continuidade e de fluxo, é parcialmente rompida e os movimentos de repetição são marcados especialmente pela descontinuidade. O **antiprocesso** é a forma mais frequente como o trauma é vivido pelo sujeito traumatizado; 4. por fim, o trauma é um **quase evento**, porque a força do **antiprocesso** coloca problemas insuperáveis para decidir a relação entre o sujeito e o dito evento. A expressão "isso aconteceu, mas parece ter acontecido a outra pessoa" nos aproxima da impossibilidade de a experiência do trauma ser vivida em primeira pessoa. Insisto nessas quatro características porque a noção de trauma como evento costuma nos hipnotizar, impedindo uma visão mais completa sobre a injunção traumática.

O desdobramento clínico que se coloca a partir dessas características é: como integrar uma vivência cuja marca é exatamente não ter sido vivida por quem possa localizá-la, temporalizá-la e reconhecê-la? Como trabalhar com outra concepção de memória, a qual inclua em uma memória pessoal algo que efetivamente se passou em estado confusional, lembrado posteriormente como a memória de um outro que outrora, apesar disso, foi si mesmo? Como recuperar a ligação com esse outro que se tornou um estranho, mas um tipo diferente de estranho – *estranho não familiar* – em comparação com a forma de estranheza descrita por Freud em seu artigo sobre o tema?

Tudo isso se articula a uma segunda característica. A progressão traumática põe em marcha uma nova forma de clivagem que leva à fragmentação e à atomização psíquica. Apesar da constituição de fragmentos estáveis, o caso de Elizabeth Severn (sua RN) lhe colocou embaraços no que tange a saber com quem Ferenczi estava falando a cada momento, tal a capacidade deste sujeito de estar fora de si. Como afirma Ferenczi, todavia, *estar fora de si não é estar em lugar nenhum* (1990, p. 65). Ele parecia se indagar se seria preciso constituir uma espécie de unificação para fomentar um novo destino clínico para um sujeito tão disperso no universo. Isto seria o mesmo, me pergunto, que restaurar o sentimento de vitalidade e a plasticidade psíquica perdida?

Resumirei, assim, os dois problemas apontados até agora: *o paradoxo da não experiência* e a *atomização* subjetiva. Estas duas características levaram Ferenczi a imaginar estratégias clínicas heterogêneas e muitas vezes contraditórias entre si para fazer frente a tal injunção. Vejamos um exemplo: "Posto isso, uma vez que a distensão se tornou possível, a personalidade despedaçada e enfurnada numa bolha pode reunificar-se de novo; ao mesmo tempo, no lugar da repetição, vê-se restabelecida a lembrança do que aconteceu" (Ferenczi, 1990, p. 161-162).

Passagens como esta, alternando decepção e esperança, perpassaram as páginas desse livro-laboratório. Muitas vezes, a reunificação de fragmentos dispersos pela clivagem pontifica como principal meta do tratamento. Alcançar um modo de encontro com sujeitos traumatizados que pudessem, de uma só tacada, suplantar tanto o estado de confusão quanto a fragmentação fruto da clivagem passou a ocupar todo o corpo de Ferenczi, e não só sua mente. O principal problema dizia respeito à relação paradoxal entre confusão e fragmentação. A irrupção traumática e sua intensidade acarretava geralmente que o estado de confusão só poderia encontrar alguma forma de superação ou de atenuação através da clivagem e da fragmentação. Produzir, na análise, um estado no qual uma certa distensão diminuísse a confusão e ao mesmo tempo permitisse uma experiência menos clivada, contando com a atividade da memória (quem sabe a memória do analista), se tornou, por vezes, seu lema.

Várias técnicas, entre elas, o que se poderia chamar de "repetição modificada" (Pellerano et al., 2017), foram utilizadas com este fim. Sua aposta era: "[...] por meio de perguntas prudentes que a induzam a pensar, levar a força do pensamento e a orientação desse ser até o ponto em que este será capaz de falar e de recordar algo das circunstâncias do choque" (Ferenczi, 1990, p. 40).

Creio que nessa altura, a mente de Freud e seus imperativos baseados na clínica da neurose ainda colonizavam a mente analítica de Ferenczi. Rememorar, reconstruir, reviver... Libertar... São verbos aludidos no diário. Uma fantasia de salvação também comparecia como pano de fundo em vários de seus experimentos. Mas a honestidade e a genialidade de Ferenczi o fez intuir:

> *Fica em aberto a questão de saber se não existe um caso em que a reunificação do complexo, clivado por trauma, é tão insuportável que não se efetua totalmente e em que o paciente fica, em parte, marcado por traços neuróticos e acaba soçobrando ainda mais profundamente no não-ser ou na vontade de não ser (Ferenczi, 1990, p. 74).*

Depreendemos que a reunificação pode ser não apenas impossível, mas também indesejada e dolorosa. Talvez não seja o caso de impô-la como condição do tratamento e como critério para seu êxito. Parece-me que esta seja uma virada decisiva na clínica do trauma. Não podemos impor condições impossíveis e desestruturantes que mantenham o sujeito em estado de "subalternização psíquica". Ao exigir que ele se reestruture segundo critérios que podem ser tanto etnocêntricos quanto neuroticocêntricos – Ferenczi faz alusão à neurose na passagem anterior – deixamos de lado nossa principal tarefa. A de criar, com a ação deste sujeito, um ambiente vivo. Um ambiente que pode ser usado para o surgimento de algo cujo protagonismo não é nosso. E cujo valor não nos diz respeito avaliar.

É neste ponto que pretendo encerrar esta aula, discutindo a noção de testemunho. A meu ver há pelo menos duas concepções plausíveis sobre a função clínica do testemunho no "diário" e na posteridade de Ferenczi. A primeira diz respeito ao reconhecimento, por parte do analista, da realidade do trauma. Exercer o testemunho dessa maneira contribui decisivamente para refazer, de outro modo, o caminho colocado em marcha pelo descrédito (desmentido) traumático. A presença viva do analista poderia encorajar um sujeito soterrado e desacreditado a reinvestir em suas próprias vias de percepção da realidade e de acesso aos seus próprios sentimentos. Precisamos levar em conta tudo o que escrevi anteriormente, a fim de estar advertidos dos obstáculos dessa direção clínica, especialmente se reconhecer a realidade do trauma for o mesmo que historicizar, reviver, memorizar e narrar (ver sobre isso Gondar, 2017).

A outra concepção é a que pretendo trazer para encerrar esta fala. Em uma das passagens mais inspiradoras do *Diário*, Ferenczi descreve:

> *Eles me pedem para não pensar demais, mas estar simplesmente presente; para que eu não fale, que não faça qualquer esforço; de fato, eu poderia até dormir. Os dois inconscientes ajudar-se-iam mutuamente dessa maneira: até mesmo o* healer *recebe algo de apaziguador daquele que ele cura, e vice-versa (p. 43).*

Essa passagem, para mim, é um bom exemplo rumo a outra visada sobre a função de testemunho. Tal proposição, creio, serviu de inspiração para a proposta de Balint para o "novo começo" e para a "regressão benigna" (Balint, 2014 [1968]). Testemunho aqui não é o testemunho da crueza dos eventos traumáticos, nem objetiva sua rememoração ou seu relato integrado em estado de vigília. Não é o trauma que precisa ser reexperimentado e desta forma testemunhado, mas sim a pulsação que emerge de um novo contato com o ambiente. O que testemunhamos quando não precisamos falar demais, nem sequer pensar, é a vida encontrando caminhos inesperados em ambientes inóspitos, tornados agora minimamente hospitaleiros. Parece-me que essa concepção de testemunho precisa ser sublinhada se quisermos fazer frente aos desafios clínico-políticos relativos ao enfrentamento da subalternização.

Quem sabe, se tivermos essa disponibilidade, possamos permitir aquilo pelo que clama Emicida (2019):

> *Permita que eu fale*
> *Não as minhas cicatrizes*
> *Elas são coadjuvantes*
> *Não, melhor, figurantes*
> *Que nem devia tá aqui*
>
> *Permita que eu fale*
> *Não as minhas cicatrizes*
> *Tanta dor rouba nossa voz*
> *Sabe o que resta de nós?*
> *Alvos passeando por aí*
>
> *Permita que eu fale*
> *Não as minhas cicatrizes*
> *Se isso é sobre vivência*
> *Me resumir a sobrevivência*
> *É roubar o pouco de bom que vivi*
>
> *Por fim, permita que eu fale*
> *Não as minhas cicatrizes*
> *Achar que essas mazelas me definem*
> *É o pior dos crimes*
> *É dar o troféu pro nosso algoz e fazer nóis sumir, aí*

## *Referências*

Andrade, E. (2023). Democratização da formação em psicanálise. In A. Patrício, *Para além da formação* (p. 137-152). Blucher.

Balint, M. (1990). *A falha básica*. Zagodoni. (Trabalho original publicado em 1958)

Bernardino-Costa, J., Maldonado-Torres, N. & Grosfoguel, R. (2018). Introdução: decolonialidade e pensamento afrodiaspórico. In N. Maldonado-Torres & R. Grosfoguel. (2018). *Decolonialidade e pensamento afrodiaspórico*. Autêntica.

Canavez, F & Verztman, J. (2021). *Somos capazes de escutar os desmentidos sociais?* (Vol. 8). Ayvu.

Costa, J. F. (2021). *Violência e psicanálise*. Zagodoni. (Trabalho original publicado em 1982)

Emicida. (2019). AmarElo [Música]. Sobre *AmarElo* [Álbum]. Sony Music; Laboratório Fantasma.

Garcia-Roza, L. A. (1994). *Freud e o inconsciente*. Zahar.

Gondar, J (2017). O analista como testemunha. In E. S. Reis & J. Gondar, *Com Ferenczi: clínica, subjetivação e política* (186-198). 7 Letras

Laplanche, J., & Pontalis, J. B. (1986). *Vocabulário da psicanálise*. Martins Fontes.

Leys, R (2000). *Trauma: a genealogy*. University of Chicago Press.

Pellerano, L. et al. (2017). Transferencia, contratransferencia y actitud mental del analista: una propuesta de lectura de los días de Diário clínico. In L. M. Cabré, *Autenticidad y reciprocidad: un diálogo con Ferenczi* (p. 59-188). Biebel.

Pinheiro, T. (2020). Quando o agressor é aquele que desacredita. In D. Kupermann, J. Gondar, E. C. Dal Molin. *Ferenczi: inquietações clínico-políticas* (p. 183-188). Zagodoni.

Spivak, G. C. (2010). *Pode o subalterno falar?* UFMG.

Winnicott, D. W. (2000). A agressividade em relação ao desenvolvimento emocional. In D. W. Winnicott, *Da pediatria à psicanálise, obras escolhidas* (p. 288-304). Imago, (Trabalho original publicado em 1950)

Verztman, J. (2023). Formação psicanalítica, elitismo e colonização. In A. Patrício. *Para além da formação* (p. 190-202). Blucher.

Verztman, J. (2024). As violências e a psicanálise. In F. Ortega, G. B. Soares, J. A. Gama, B. Assy, *Pensar o sujeito, agir no mundo: diálogos com a obra de Jurandir Freire Costa* (p. 603-624). Blucher.

# 3. Indiferença e desmentido – rupturas na subjetividade e nos laços sociais

*Mônica Medeiros Kother Macedo*

Desde 2003 uma sequência de estudos sobre o trauma, a destrutividade e a dor psíquica vem me possibilitando desvelar aspectos inerentes à complexa relação sujeito/cultura. Temas como pertencimento/exclusão do laço social, distintas nuances nas experiências alteritárias, indiferença e crueldade operam, nesse percorrido, como temáticas que geram interrogações, promovendo investigações e, assim, possibilitando ampliar a concepção de responsabilidade no que diz respeito ao trabalho intelectual em psicanálise.

Localizo nos textos de Sándor Ferenczi valiosas ferramentas teóricas e clínicas que estimulam a problematização sobre o contexto intersubjetivo e as relações de poder. Constato no estilo de escrita de Ferenczi contribuições que promovem vital desacomodação, gerando, na medida em que possibilitam reconhecer a complexidade do humano, o estímulo a buscar aportes interdisciplinares que contribuem à problematização de uma leitura, a partir da psicanálise, da relação sujeito/cultura. Sabemos que, além do descentramento da razão decorrente da proposta freudiana de um sujeito de Inconsciente, outro elemento destacado pela psicanálise alude ao tema da alteridade.

Alteridade que descortina a impossibilidade de existência do Eu sem o outro, bem como o papel relevante da cultura na vida psíquica.

A experiência de diálogo com antropólogos portugueses, ocorrida durante a realização de meu pós-doutorado, contribuiu significativamente para explorar valiosas nuances referentes à temática das diásporas contemporâneas (Macedo, 2022a). Dentre elas, a urgência de a psicanálise ingressar vigorosamente nesse debate, recuperando, deste modo, sua potência de crítica, denúncia e intervenção em situações de violência no laço social. É exatamente o reconhecimento da complexidade do objeto de estudo em questão, as diásporas contemporâneas, que me conduz neste capítulo a fomentar a interlocução com subsídios advindos da Antropologia, do Direito, da Sociologia e da Filosofia.

Ancorada na definição de *complexidade*, proposta por Morin (2020), detenho-me na reflexão sobre os deslocamentos contemporâneos, ou seja, lanço o olhar às situações enfrentadas por migrantes e refugiados de nosso tempo, comprovando, em seu bojo, a tessitura conjunta de fatores decorrentes de "muitas crises" de similar impacto. Nesta tessitura encontro, como elemento de interligação, as inegáveis desigualdades e violências sociais que se apresentam nos mais variados cenários mundiais. Convido-os, portanto, a situar o fenômeno das diásporas como uma impactante ilustração da indiferença e do desmentido, temáticas centrais que abordarei no decorrer do capítulo, cujos efeitos de ruptura ecoam, de forma devastadora, na subjetividade e nos laços sociais contemporâneos. Nessa direção, proponho uma análise das ligações existentes entre violência e movimentos de deslocamento, na expectativa de que os argumentos apresentados permitam perceber com clareza desdobramentos de signos traumáticos que instauram, no exemplo das diásporas contemporâneas, rupturas cruciais. Entendo que tais rupturas dão testemunho sobre a vulnerabilidade do sujeito e do tecido social, ao mesmo tempo em que chamam nossa atenção para as múltiplas e, por vezes, dissimuladas formas de atuação da violência contra o outro.[1] Abordar as condições que fomentam a descrença na potencialidade do outro humano, impondo sistematicamente obstáculos ao seu pertencimento social, leva-nos a transitar pelo tema dos (des)encontros entre o Eu e o outro.

Destarte, proponho tomar como inspiração o título da *14ª Conferência Sándor Ferenczi*, "*Psicanálise entre catástrofe e criação*", que estimula a reflexão sobre *perspectivas e movimentos*, a fim de situar o sujeito da diáspora nesse "espaço" nomeado como *entre*. O migrante/refugiado está *entre* a experiência de saída frente às condições catastróficas da pátria-mãe e a busca, em um novo país, de condições dignas a seu viver. É relevante, por isto, explorar elementos que contribuem à reflexão sobre aquilo que, desde o campo intersubjetivo, se instaura na experiência de habitar o indefinido espaço do *entre* o movimento radical de partida e a legítima busca de um devir.

Reconhecendo na Psicanálise o valor da abertura a um saber sempre incompleto,[2] e inspirada pela possibilidade criativa que pode decorrer do movimento de se deslocar por diferentes territórios, apresento reflexões sobre as diásporas contemporâncas explorando a liberdade de pensar e de transitar por disciplinas outras. Para percorrer os rumos abertos pelo paradigma da complexidade, como alerta Morin (2020), é preciso reconhecer a heterogeneidade dos saberes e se distanciar do paradigma da simplificação.

---

1 Ver livro de Judith Butler (2019), *Vida precária: os poderes do luto e da violência*, no qual a autora explora o tema da vulnerabilidade (condição humana universalmente partilhada) e as condições políticas que fomentam uma distribuição desigual da vulnerabilidade.

2 Exploro a temática relativa ao saber necessariamente incompleto da psicanálise em Macedo (2022b).

## *Sobre interlocuções possíveis*

Como expoente da primeira geração de psicanalistas, encontramos em Sándor Ferenczi ricos ensinamentos sobre o não enclausuramento da psicanálise em si mesma. O espírito inquieto de Ferenczi reconheceu dissonâncias e violências, não se recusou a dar visibilidade e enfrentar práticas de poder dessubjetivantes operadas, inclusive, na prática analítica. A partir desse olhar interrogativo, Ferenczi empreendeu criativos movimentos que promoveram diferentes *perspectivas e movimentos* à própria psicanálise.

Em seus escritos, Ferenczi nos interpela, convocando a pensar sobre nossas "inércias", sobre o compromisso afetivo presente em nosso ofício de escuta do sujeito e da cultura. Segundo Paz (2017), o texto de Ferenczi "é um ganho não pequeno – reaviva a nostalgia por uma psicanálise que muitos desejaríamos ter conhecido, com todas as 'imperfeições' desbordantes e criativas nascidas de seu fervor e sua entrega" (p. 15).

O entusiasmo pela psicanálise e por seu futuro, presentes ao longo da obra de Ferenczi, alimenta investigações que venho desenvolvendo junto a colegas e orientandos sobre os deslocamentos contemporâneos (Dal Forno et al., 2022; Grigorieff & Macedo, 2018; Macedo et al., 2020, 2022). Os aportes de Ferenczi (1929/2011c, 1931/2011d, 1932/1990, 1933/2011e, 1934/2011f) a respeito da hipocrisia, dos efeitos da hostilidade frente aos hóspedes mal acolhidos, do desmentido e do trauma são essenciais guias de reflexão e de construção de problemáticas que aludem às diásporas contemporâneas.

Ferenczi (1908/2011a, 1932/1990, 1933/2011e) menciona a questão da hipocrisia e seus desdobramentos ao explorar as nuances da violência presente nas relações pedagógicas/sociais, nas relações familiares e no âmbito da clínica psicanalítica. O tema da hipocrisia contempla tanto a dimensão explícita de uso do poder como também sua presença dissimulada, via aparente de cuidado, na qual opera a redução do complexo ao simples. Seja no desvelamento de efeitos danosos decorrentes de rígidas práticas pedagógicas de "padronização" do caráter das crianças, do devastador poder parental exercido para cercear o prazer lúdico infantil, na violência do não acolhimento ao "hóspede" que chega na família, como também da rigidez e burocratização na escuta analítica, a crítica de Ferenczi sobre as diversas facetas da hipocrisia mostra-se apropriada ao que se destina.

As chaves de leitura e as coordenadas teóricas de caráter interdisciplinar que passo a abordar contribuíram, por exemplo, na detecção de "medidas", tanto políticas como no campo da saúde psíquica, que operam no campo social sob a falsa égide de proteção (hipocrisia) ao sujeito da diáspora, dissimulando práticas cruéis de captura e promoção de rupturas na subjetividade. Não por acaso, ao ilustrar as expressões da hipocrisia na ação de um analista, Ferenczi (1932/1990) recorre a termos como *insensibilidade*, *censura*, *indiferença* e *recriminação*.

Vamos, então, explorar o que se apresenta quando se habita o *entre* no tocante aos migrantes e refugiados... Ou sobre como podem soprar os ventos em suas penosas travessias. A partir de investigações vinculadas ao projeto *Movimentos migratórios: complexidades e demandas à investigação em psicanálise*,[3] desenvolveu-se uma série de pesquisas em psicanálise nas quais foi priorizada a escuta de narrativas de refugiados e migrantes sobre suas experiências de deslocamento. Foram constatados o necessário reconhecimento e a urgente atribuição de legitimidade a suas narrativas, visando à denúncia de elementos produtores de sofrimento advindos da tentativa de escamotear o violento impacto de fatores sociais, políticos e econômicos implicados nessas experiências.

3 Projeto Maior desenvolvido mediante obtenção da Bolsa de Produtividade em Pesquisa do CNPq, aprovado pelo Comitê de Ética da Universidade Federal do Rio Grande do Sul, sob o Parecer Número 3.202.517.

Marie, mulher haitiana de 42 anos, descreve as precárias condições de seu país e a urgência da saída em busca da sobrevivência:

> ANTES ERA um pouquito melhor, [...] las pessoas que planta arroz, feijão, fazer comida, como se chama? [...] . Agricultor! Antes havia muito e agora não tem porque não tem água, não tem coisa pra ajudar a fazer comida. Tudo tem que ser importado. [...]. Depois do terremoto, se levara tudo.

Fernand, jovem haitiano de 25 anos, ao narrar sobre sua experiência de deslocamento ao Brasil, não deixa dúvidas sobre o impacto da distribuição desigual da vulnerabilidade própria ao humano, como assinala Butler (2019).

> MINHA MÃE me mandou pra cá para conseguir ajudar ela e meus dois irmãos [...] Não tô vivendo pra mim, só pra minha família. Daí eu quero começar a viver minha vida, porque eu tô trabalhando aqui só pra ajudar minha família. Cada mês que eu recebo eu tenho que mandar dinheiro lá direto pro Haiti. O que que vai ficar pra mim? Só o dinheiro do aluguel e comida. Porque eles vão ficar mal, vão passar fome, então eu tenho que ajudar. Pra mim a vida deles lá no Haiti é mais importante que minha vida, porque eu tava no Haiti e vi como que é a situação [...]. Porque agora eu tô vivendo por eles.

Como Marie e Fernand testemunham, nos deslocamentos empreendidos, as forças que movem a saída e as condições vigentes no árduo percorrido a ser empreendido pelo sujeito aludem ao perigo, ao risco, à precariedade e ao desamparo. Desde a partida de suas pátrias, nas quais se apresentam precárias condições, assim como em situações ocorridas durante os deslocamentos (roubos, abusos, naufrágios), os sujeitos da diáspora são acompanhados pela violência e descaso, os quais podem ser duramente reeditados e, até mesmo incrementados, na cruel indiferença ofertada quando da chegada a um novo país. Como destaca Santinho (2016), antropóloga portuguesa, são percebidos por aqueles que os recebem "como pessoas que estão a mais, eternamente desajustadas do contexto e que trazem consigo imensos problemas para resolver, como a 'cultura', a habitação, o emprego, a saúde, o idioma" (p. 33). Encontram-se, portanto, em uma situação paradoxal, pois

> *devem demonstrar continuamente sua inocência, quer face à sociedade de origem que, muitas vezes, o considera um fugitivo, um traidor, quer face à sociedade de acolhimento que o vê como um intruso: sabe que para ser tolerado não pode incomodar, contestar ou objectar. O seu espaço é o da invisibilidade social e moral (Pussetti, 2009, p. 32).*

Sartoretto (2018), a partir de doutrina jurídica, alerta que o estabelecimento dos direitos dos refugiados pelas agências internacionais ocorre associado à intenção de controlar o acesso de pessoas ao continente europeu. Somam-se, então, no discurso da comunidade internacional, à intenção explícita de dar mais proteção às pessoas em condição de migração forçada, a limitação e a escolha de quem poderia ou não adentrar seus territórios a fim de preservar a ordem desejada.

Nesse sentido, ao abordar necessárias e urgentes reformas da sociedade, Morin (2020) se refere à imperativa redução das desigualdades e à necessária política de solidariedade no que se refere às diásporas contemporâneas. A gravidade de tal situação é evidente na estimativa de que o mundo, atualmente, "produza" 24 refugiados a cada minuto, correspondendo ao maior número de refugiados existentes desde a Segunda Guerra Mundial (ACNUR, 2016). Gravidade que não pode ser dissimulada mediante a evitação sistemática de enfrentar as genuínas causas da miséria, dos conflitos e da precarização que atinge tantas pessoas, produzindo efeitos devastadores e irreparáveis em suas vidas.

Como psicanalistas, somos por vezes avessos aos dados "estatísticos". Porém, se nos detivermos naquilo que subjaz em suas expressões numéricas, reconheceremos importantes elementos. Os dados fornecidos pelo Alto Comissariado das Nações Unidas para Refugiados (ACNUR, 2023) são impactantes. Constata-se que "até o final de 2023, mais de 117 milhões de pessoas permaneceram deslocadas", bem como o fato que, desse montante, cerca de 40%, ou seja 47 milhões de pessoas, são crianças (ACNUR, 2023). Os dados revelam que 1 em cada 69 pessoas da Terra foi forçada a se deslocar. Constata-se, também, no relatório da ACNUR, a existência de 43,4 milhões de pessoas refugiadas no mundo. Ainda cabe destacar que, comparado com dados de uma década atrás, o número total de refugiados mais do que dobrou, sendo que cerca de 73% dos refugiados saíram de apenas cinco países: Síria, Venezuela, Afeganistão, Sudão e Ucrânia.

É inevitável que venha a nossa mente, a partir do que revelam os dados numéricos, a noção de *hipocrisia* descrita por Ferenczi. Ainda mais quando, segundo a ACNUR (2023), foram os países de baixa e média renda que acolheram 75% dos refugiados do mundo e outras pessoas necessitando de proteção internacional. As imagens de balsas lotadas de pessoas famintas, desnutridas e submetidas, por longo período, a adversas condições, fugindo da devastação e da miséria prevalentes em seus países, contrastam duramente com as rígidas condições legais e os obstáculos intransponíveis para acesso aos países ditos de primeiro mundo.

A partir de seus estudos e pesquisas em campos de refugiados, o antropólogo Michel Agier, em entrevista concedida no Brasil, alerta para o fato de que as pessoas, mesmo não desejando estarem ali, acabam obrigadas a se submeter ao "estatuto" de refugiado a fim de tentar sobreviver. A ida para o campo de refugiados opera, desta maneira, como a única forma de "reconhecimento" possível ao refugiado. Tais considerações levam Agier a aproximar a problemática humanitária da vulnerabilidade, com a problemática securitária da *indesejabilidade*:

> *Para mim, a indesejabilidade é algo que formalmente vem com a questão da segurança, e provavelmente é uma questão política mais profunda – porque é um espaço, um Estado, enfim, uma sociedade que não quer, não consegue, não quer ceder espaço, formular leis ou não deseja receber e acolher tal e outra pessoa. E então a rejeita (Alcântara, et al., 2023, p. 4).*

É nesse sentido que, segundo Bauman (2016), as contribuições de Michel Agier e sua preocupação com o destino de milhões de pessoas globalmente deslocadas permitem constatar que a política migratória consolida a divisão entre duas grandes categorias mundiais: um mundo limpo, saudável e visível; e outro mundo próprio aos "remanescentes" residuais, que é forçado a ficar invisível (Agier, 2008).[4] Para Agier, a crise migratória reproduz o que é possível perceber de uma mesma problemática encontrada cada vez mais "em todos os lugares do mundo – situações onde os Estados, as cidades, a sociedade considera que há pessoas que podem ser abandonadas, não hospedadas" (Alcântara, et al., 2023, p. 4).

Destaco a expressão *não hospedadas*, utilizada por Agier nessa entrevista, a qual permite a associação com os aportes de Ferenczi sobre os *hóspedes mal acolhidos*. Para o antropólogo francês, não há dúvida de que, em tal situação, há o exercício do "poder de dizer que o outro, por motivos quaisquer, é indesejado dentro de um certo espaço, de uma certa sociedade" (Alcântara, et al., 2023, p. 5). É nessa

4 A minissérie australiana Estado Zero (Stateless), disponível na Netflix, desvela em seus seis episódios a aridez, a violência e o descaso que marcam a vida de pessoas detidas em um campo de refugiados (Blanchett et al., 2020).

direção que o autor enfatiza o uso do termo *indesejabilidade* como uma questão política ligada ao poder. Já no título de seu artigo, Ferenczi (1929/2011c) explicita a ligação estreita entre o *mal acolhimento* e as decorrentes inibições da vontade de viver. Nas diásporas, a condenação à morte se traduz no violento rechaço produzido no laço social.

Enfatizo, portanto, a violência contida nas expressões da *indesejabilidade* que pode marcar a experiência de habitar a (des)localização nomeada como *entre* e seu efeito de ruptura subjetiva. Uma zona de tamanho desamparo e de risco à vida na qual, no caso dos refugiados, só resta, no estatuto que lhes é atribuído, acatar uma nomeação que, mesmo operando como veículo do rechaço e da exclusão, configura-se como a única forma de "proteção" possível. Sua "sobrevivência" o condena a "aceitar" uma restrição drástica de sua existência na dimensão política. A concepção de ruptura, empregada no título deste capítulo, explicita, destarte, a dramaticidade de seu sentido, pois remete à fratura, à fragmentação, ao ato de provocar divisões, de quebrar com força. Com uma frase curta e intensa, Nina, mulher haitiana, 25 anos, vai direto ao ponto, desvelando a crueldade presente no ataque à alteridade: "*A gente é humana. Mesmo que eu saí do outro país, a gente é humana*".

Em seu artigo intitulado "O silêncio dos inocentes – os paradoxos do assistencialismo e os mártires do Mediterrâneo", Pussetti (2017) discorre sobre os impactantes efeitos daquilo que podemos aproximar das reflexões e ações decorrentes do que Agier (2023) descreve como *indesejabilidade*. A autora destaca três eventos ocorridos na Itália, no período compreendido entre 2013 e 2016. Em 3 de outubro de 2013, o naufrágio de um barco com refugiados eritreus e somalis deixou mais de 400 vítimas, resultando em uma fila de cadáveres ao longo da costa da ilha de Lampeduza. Após pomposos funerais, aos mortos foi oferecida a cidadania honorária e aos sobreviventes, os "campos de acolhimento", multas, punições e a expulsão do país.

Em 18 de abril de 2015, próximo ao Canal da Sicília, segundo Pussetti (2017), o Mediterrâneo "engolia" corpos de 800 náufragos. A decisão da magistratura italiana de não recuperar os corpos soçobrados no mar foi seguida da afirmativa de que "o Mediterrâneo servirá como cemitério", proferida pelo chefe da investigação (Pussetti, 2017, p. 246).

Um ano após, na mesma data de 18 de abril de 2016, ocorreu o naufrágio de um cargueiro vindo da Líbia, resultando em 500 mortos e 40 sobreviventes. A sequência desses trágicos acontecimentos sustenta os argumentos que promoveram a denominação atual de "Fortaleza Europa" e do Mediterrâneo como túmulo de corpos sem nome (Pussetti, 2017). Tais acontecimentos, que envolvem naufrágios e mortes de milhares de pessoas, endossam o alerta de Macé (2018) sobre o que pode se passar, sem escrúpulos, no trato com as diásporas contemporâneas, "num eclipse silencioso de jurisdições e numa fragmentação dos espaços de controle, à margem aparente de toda responsabilidade" (p. 38).

Constatamos, por conseguinte, que habitar esse *entre* dialoga tanto com a catástrofe como com a possibilidade de criação, não permitindo negligenciar a complexidade da temática. As proposições de Ferenczi (1929/2011c) dão subsídios para nomear como *hipocrisia política* a forma traumática por meio da qual a cultura põe em ação os mecanismos de indesejabilidade. A dinâmica do trauma se infiltra, em vista disso, nas rupturas promovidas no laço social.

Sándor Ferenczi introduziu em sua leitura do trauma dois elementos centrais: o trauma vinculado ao impacto de algo *efetivamente* experienciado pelo sujeito, portanto, não apenas relacionado à noção de fantasia; e a proposição do conceito de *desmentido* como um elemento que responde, efetivamente, pela *instalação do caráter patogênico do trauma* (Ferenczi, 1933/2011e). No primeiro tempo do trauma, a criança experiencia a violência da passionalidade do adulto, a qual se constitui como trauma patogênico quando, posteriormente, ao buscar um adulto em quem confia para dar seu testemunho desse excesso, encontra, por parte deste adulto, a não atribuição de *crédito* ou *legitimidade* àquilo que efetivamente viveu. Para o autor, o trauma não se dá na experiência primária, mas, sim, em um *segundo momento* no qual *não há validação por parte de outro* em relação ao *sofrimento* de um sujeito (Ferenczi, 1931/2011d).

É nesse contexto que Ferenczi introduz o conceito de *desmentido*, ressaltando que o verdadeiro caráter traumático de uma experiência alude ao fato de o sujeito *não ter reconhecida sua condição de ser* e, assim, sofrer o *descrédito de outro* em relação à percepção do sofrimento que foi por ele vivenciado (Gondar, 2012). Nas palavras de Ferenczi (1931/2011d), "o pior é realmente o desmentido, a afirmação de que não aconteceu nada, de que não houve sofrimento [...] é isso, sobretudo, o que torna o traumatismo patogênico" (p. 91). Afirma Martín Cabré (2017) que, na concepção de trauma em Ferenczi, "se trata de uma experiência com o objeto na qual o aspecto mais importante não é tanto o que sucedeu, mas, sim, o que não aconteceu" (p. 29). O aspecto a ser destacado, na aproximação dessa leitura do trauma às diásporas contemporâneas, é o fato de que a atribuição de *invisibilidade e descrédito em relação ao outro e seu sofrimento* equivalem ao *desmentido* operado desde a cultura, incrementando o desamparo, enfatizando a distribuição desigual da vulnerabilidade e fomentando a indiferença reinante no laço social. Se, para Ferenczi (1934/2011f), "o comportamento dos adultos em relação à criança que sofreu o traumatismo faz parte do modo da ação psíquica do trauma" (p. 127), no caso das diásporas, o desmentido, que se traduz no rechaço a reconhecer sua condição de semelhantes e na morte social que lhes é imposta – opera inegavelmente, desde o campo intersubjetivo, como fator traumático.

A riqueza da escrita de Ferenczi sobre o trauma permite aproximação com as reflexões do filósofo sul-coreano Byung-Chul Han (2018) a respeito da *expulsão do outro* e da *proliferação do idêntico*, que, segundo o autor, constituem "alterações patológicas que afetam o corpo social" (p. 9). As práticas de assistencialismo e de medicalização[5] destinadas à população das diásporas, conforme referido anteriormente, aproximam-se da denúncia realizada por Han (2018) sobre a violência presente no laço social contemporâneo. Por meio dessas práticas é imposto um saber sobre o outro, promovendo uma ruptura no campo alteritário. Trata-se de importante dano à capacidade de escutar, uma vez que a voz do outro, como assinala Han (2018), é degradada de tal forma que se transforma em repetição da voz própria.

No espaço do *entre*, marcado pelo peso da hipocrisia política e a *indesejabilidade*, não se escuta o outro. A essencial condição de captar e reconhecer o que é o/do outro é soçobrada pela atribuição de diagnósticos e operações que fomentam a invisibilidade e a desumanização. Para Pussetti (2017), é evidente o risco presente na patologização da experiência migratória, mediante a qual se recorre ao léxico da psicopatologia para "traduzir" conflitos sociais, estimulando, portanto, o desvio da atenção de causas políticas, econômicas, históricas e sociais do sofrimento. Dessa patologização decorre a homogeneização e criação de uma imagem estereotipada do sujeito migrante como paciente psiquiátrico que deve receber constante monitorização de seus problemas e acatar a resolução farmacológica aos "seus males".

Acrescento o tema da indiferença à reflexão que proponho a fim de lançar luz às condições do agente do desmentido. Eurema Gallo

5 Esse tema é explorado no artigo de Macedo et al. (2022) intitulado *Deslocamentos contemporâneos: reflexões sobre sujeito, cultura e política*.

de Moraes e eu escrevemos o livro *Vivência de indiferença: do trauma ao ato-dor* (Moraes & Macedo, 2011). Nele, apresentamos o conceito de *vivência de indiferença*, pensado por nós, como um operador conceitual que permite explorar complexas nuances alteritárias. As práticas contemporâneas de dessubjetivação direcionadas ao refugiado, e também as condições dos laços sociais atuantes nas dinâmicas de exclusão não podem prescindir do reconhecimento da proximidade entre indiferença e crueldade. Nesse ponto, retomar a noção de narcisismo se faz essencial. Recorremos no livro a uma versão de Narciso, a partir do conto "O discípulo", escrito por Oscar Wilde (1894/2003). No texto, Wilde se refere ao mito de Narciso, mas construindo uma criativa e desconcertante versão. Destaco em sua versão o questionamento das oréades ao Lago, em cujas margens Narciso dedicava muito de seu tempo. Frente à intenção de confortar o Lago, no que imaginavam ser sua tristeza diante da morte de Narciso, as ninfas se surpreendem com a resposta do Lago: "Mas eu amava Narciso porque, quando ele deitava em minhas margens e olhava para mim, no espelho de seus olhos eu via minha própria beleza refletida" (Wilde, 1894/2003, p. 5).

Na resposta fornecida pelo Lago frente à tentativa de consolo das ninfas, temos uma ilustração da *vivência de indiferença*, na qual predomina dramaticamente o não reconhecimento da diferença que a *existência* do outro aporta. Na indiferença do Lago à existência e à morte de Narciso predomina o oposto do reconhecimento, condição própria ao investimento amoroso, que reconhece a existência do outro como valiosa marca de diferença. A *vivência de indiferença* tem como corolário uma força que maltrata, que submete, que mutila o direito a existir do outro, aquele que não é o Eu. O Lago não reconhece nada além de sua própria beleza; o pranto pela morte de outro lhe soa como algo impensável. Como assinala Macé (2018), "reconhecer uma vida como passível de choro é tê-la primeiramente tido como plenamente viva, e plenamente vivida" (p. 31). Para estimar que uma vida é passível de ser perdida, chorada e de levar outras pessoas ao luto, é preciso primeiro acolher sua importância.

Considero que o diálogo entre o Lago e as oréades ilustra uma condição que se apresenta com frequência no laço social. Ao destoar do idêntico pela singularidade de sua subsistência, o outro/diferente provoca, no agente da indiferença, o rechaço intransponível do reconhecimento de sua existência. No intuito de condenar o outro à invisibilidade, a indiferença imposta afeta a potencialidade própria da existência do outro, dificultando-se o reconhecimento de sua dor e de seu direito à busca de alternativas criativas ao viver. Como ilustra a narrativa de Sofia, venezuelana de 32 anos, as potencialidades alteritárias são geradas pela hospitalidade à diferença:

> QUANDO VOCÊ se coloca no sapato do outro, sabe por que ele reclama daquele sapato. Sabe que o sapato não é confortável, que o salto talvez esteja muito alto. Aí é quando começa a saber porque que ele anda daquele jeito, porque não consegue andar do mesmo jeito que você anda, quando você se coloca no sapato do outro.

O sentido presente nas palavras de Sofia é enfatizado por Han (2018), quando afirma que, "*ao contrário do tempo do eu, que nos isola e individualiza, o tempo do outro cria uma comunidade*" (p. 95). A alteridade, consequentemente, continua sendo o elemento essencial para que possa haver esperança quanto ao devir. Sendo assim, para que, a partir da experiência de habitar o *entre* possa surgir um movimento que leve à criação, não é possível desmentir a força de desumanização, alimentada na indiferença que devasta e aquebranta potencialidade subjetivas.

## *O despertar e a abertura aos movimentos de criação*

Com o título *Ciência que adormece, ciência que desperta*, encontramos uma carta escrita por Ferenczi (1924/2011b) a Frédéric Karinthy, escritor e humorista húngaro. Na carta, Ferenczi discorre sobre sua decepção com o fato de Karinthy ter "mudado de lado" em relação à psicanálise e ter dirigido ataques a Freud. Na carta, Ferenczi relembra o que fora mencionado, no primeiro encontro entre eles pelo então "simpatizante" com a "causa psicanalítica". Naquela ocasião, "o jovem de cabeleira desgrenhada" manifestara sua simpatia pelos esforços da psicanálise, dizendo conhecer

> *duas espécies de cientistas e duas espécies de ciência. A primeira busca a verdade e esforça-se para despertar a humanidade sonolenta; a outra evita, tanto quanto possível, perturbar a quietude do mundo amodorrado e tende mesmo a adormecê-lo o mais profundamente possível (Ferenczi, 1924/2011b, p. 272).*

Relembrando que o jovem elogiara a faculdade muito particular da psicanálise de operar na direção desse "despertar das pessoas", frente à mudança de opinião do escritor, Ferenczi conclui:

> *[R]econheci de imediato a faculdade de "despertar" que a psicanálise continha e não mudei de opinião, pois sei que na falta de uma ciência autêntica e corajosa todo esforço é inútil e só pode, no máximo, suscitar uma ilusão passageira (1924/2011b, p. 272).*

Inspirada na afirmativa sobre o valor da faculdade de "despertar" e de não sucumbir ou perder a paciência sob o efeito das misérias da época atual, como escreveu Ferenzci, encontro, no contexto da criação, estímulo a que sigamos trabalhando na direção desse despertar. Para tal, recorro a uma expressão do campo da arte, mais especificamente da fotografia. Acredito que, frente à imposição de invisibilidade ao outro, o ato de fazer ver nascido da arte ao sobressair o que é desacreditado via indiferença pode operar como potente ferramenta para romper as camadas do desmentido.

Na arte de Uğur Gallenkuş,[6] jovem turco que se define como um artista de *colagens digitais*, encontrei um valioso testemunho de que o indizível não precisa ser inaudível ou invisibilizado. Trata-se de um trabalho inestimável no qual, por meio de colagens, montagens de fotografias de grande impacto visual, o artista nos convida a (re)conhecer a existência do que nomeia como "universos paralelos", expressão presente no título de seus dois livros, publicados em 2020 e 2024. Com acuidade, Gallenkuş nos mostra (faz ver) na produção de suas colagens aquilo que o desmentido busca desacreditar e encobrir. As artimanhas para ocultar a cruel distribuição desigual da vulnerabilidade humana são vigorosamente denunciadas na sensibilidade de sua arte, evidenciando o contraste e os abismos existentes entre os "universos paralelos".

Para finalizar, enfatizo o lembrete de Macé (2018) sobre o fato de "nós" ser um pronome político, ou seja, mais do que um somatório de sujeitos individuais, o "nós" acena para um horizonte de construção de uma vida comum, passível de ser compartilhada por diferentes formas de vida. Espero que os aportes de Sándor Ferenczi e a tessitura da reflexão interdisciplinar apresentada neste capítulo não permitam, diante de inegável urgência do "despertar", que façamos uma opção pela letargia, permanecendo capturados

6 No Instagram, seu trabalho pode ser acessado em @ugurgallen (Gallenkuş, n.d.). O artista publicou dois livros: *Parallel Universes of Children* (Gallenkuş, 2020) e *Parallel Universes of Peace and War* (Gallenkuş, 2024).

e confortavelmente "sonolentos" ao habitar os domínios da indiferença e do desmentido.

## *Referências*

ACNUR. (2016, 20 jun.). *Deslocamento forçado atinge recorde global e afeta uma em cada 113 pessoas no mundo*. Agência da ONU para Refugiados. https://www.acnur.org/portugues/2016/06/20/deslocamento-forcado-atinge-recorde-global-e-afeta-uma-em-cada-113-pessoas-no-mundo/

ACNUR. (2023). *Dados sobre refugiados*. Agência da ONU para Refugiados. https://www.acnur.org/portugues/dados-sobre-refugiados/

Agier, M. (2008). *Gerer les Indesirables*. Flammarion.

Alcântara, M., Toji, S., Bersani, A. E., & Agier M. (2023). Do medo dos outros, da hospitalidade e da necessidade de uma cosmopolítica da vida em comum: uma entrevista com Michel Agier, *Ponto Urbe, 31(*1). https://doi.org/10.4000/pontourbe.15263

Bauman, Z. (2016). *Estranhos à nossa porta*. Zahar.

Blanchett, C., Upton, A, Ayres, T., McCredie, E., Watts, L., Riley, S., & Gregory, A. (Produtores executivos). (2020). *Estado Zero* (*Stateless*) [minissérie de televisão]. Matchbox Pictures; Dirty Films.

Butler, J. (2019). *Vida precária: os poderes do luto e da violência*. Autêntica.

Cabré, L. M. (Org.). (2017). *Autenticidad y reciprocidad: un diálogo con Ferenczi*. Biebel.

Dal Forno, C., Canabarro, R., & Macedo, M. M. K. (2022). (Des) subjetivação, migração e refúgio: reflexões psicanalíticas. In M. Cardoso, M. K. Macedo, S. Abu-Jamra Zornig (Orgs.), *Figuras do extremo* (pp. 85-107). Blucher.

Ferenczi, S. (1990). *Diário clínico.* Martins Fontes. (Trabalho original publicado em 1932)

Ferenczi, S. (2011a) Psicanálise e pedagogia. In S. Ferenczi, *Obras Completas – Psicanálise* (Vol. I, pp. 38-44). Martins Fontes. (Trabalho original publicado em 1908)

Ferenczi, S. (2011b). Ciência que adormece, ciência que desperta. In S. Ferenczi, *Obras Completas – Psicanálise* (Vol. III, pp. 271-273). Martins Fontes. (Trabalho original publicado em 1924)

Ferenczi, S. (2011c) A criança mal acolhida e sua pulsão de morte. In S. Ferenczi, *Obras Completas – Psicanálise* (Vol. IV, pp. 55-60). Martins Fontes. (Trabalho original publicado em 1929)

Ferenczi, S. (2011d). Análise de crianças com adultos. In S. Ferenczi, *Obras Completas – Psicanálise* (Vol. IV, pp 79-95). Martins Fontes. (Trabalho original publicado em 1931)

Ferenczi, S. (2011e). Confusão de língua entre os adultos e a criança. In S. Ferenczi, *Obras Completas – Psicanálise* (Vol. IV, pp. 111-121). Martins Fontes. (Trabalho original publicado em 1933)

Ferenczi, S. (2011f). Reflexões sobre o trauma. In S. Ferenczi, *Obras Completas – Psicanálise* (Vol. IV, pp. 121-135). Martins Fontes. (Trabalho original publicado em 1934)

Gallenkuş, U. (2022). *Parallel Universes of Children.* Arzu Tunca.

Gallenkuş, U. (2024). *Parallel Universes of War and Peace.* Arzu Tunca.

Gallenkuş, U. [@ugurgallen]. (n.d.). Posts [perfil no Instagram]. https://www.instagram.com/ugurgallen/

Gondar, J. (2012). Ferenczi como pensador político. *Cadernos de Psicanálise (Rio de Janeiro), 34*(27), 193-210. http://pepsic.bvsalud.org/scielo.php?pid=S1413=62952012000200011-&script-sci_arttext

Grigorieff, A. G., & Macedo, M. M. K. (2018). Singulares deslocamentos na experiência psíquica de migrar. *Psicologia Clínica, 30*(3), 471-492. https://doi.org/10.33208/PC1980-5438v0030n03A04

Han, B. C. (2018). *A expulsão do outro – sociedade, percepção e comunicação hoje*. Relógio D'Água.

Macé, M. (2018). *Siderar, considerar: Migrantes, formas de vida*. Bazar do Tempo.

Macedo, M. M. K. (2022a). A (In)visibilidade do outro: reflexões sobre refúgio e migração.

*Psicologia: Ciência e Profissão, 42*. https://doi.org/10.1590/1982-3703003239394

Macedo, M. M. K. (2022b). Paragem e movimento: desdobramentos do pesquisar em psicanálise. *SIG: Revista de Psicanálise, 11*(1), 55-61. https://doi.org/10.59927/sig.v11i1.7

Macedo, M. M. K., Rosa, R. R., & Felin, M. M. (2020). O desmentido e as faces da violência frente ao estrangeiro. In C. F. Dutra, G. de Lima Pereira (Orgs.), *Direitos Humanos e Migrações Forçadas: migrações, xenofobia e transnacionalidade* (pp. 284-292). Fi.

Macedo, M. M. K, Rosa, R. R. da, & Felin, M. M. (2022). Deslocamentos contemporâneos: reflexões sobre sujeito, cultura e política. *Psicologia Política, 22*(54), 482-497. http://pepsic.bvsalud.org/scielo.php?script=sci_arttext&pid=S1519-549X2022000200013&lng=pt&tlng=pt

Moraes, E. G., & Macedo, M. M. K. (2011). *Vivência de indiferença – do trauma ao ato-dor*. Casa do Psicólogo.

Morin, E. (2020). *É hora de mudarmos de via: lições do coronavírus*. Bertrand Brasil.

Paz, R. (2017). Prólogo a la edición en español. In L. M. Cabré (Org.), *Autenticidad y reciprocidad: un diálogo con Ferenczi* (pp. 13-16). Biebel.

Pussetti, C. (2009). Corpos em trânsito e sofrimento psíquico. In C. Pussetti, J. F. Ferreira, E.

Lechner, & C. Santinho (Orgs.). *Migrantes e saúde mental: a construção da competência cultural* (pp. 29-40). Observatório da Imigração.

Pussetti, C. (2017). "O silêncio dos inocentes". Os paradoxos do assistencialismo e os mártires do Mediterrâneo. *Interface – Comunicação, Saúde, Educação, 21*(61), 263-272. https://doi.org/10.1590/1807-57622016.0625

Wilde, O. (2003). *Poemas em prosa*. Cavalo de Ferro. (Trabalho original publicado em 1894)

# 4. Trauma e psicanálise na contemporaneidade

*Joel Birman*

## *Preâmbulo*

O objetivo inicial deste texto será destacar a posição estratégica do conceito de *trauma* na leitura do *mal-estar contemporâneo*, na medida em que estamos inseridos na atualidade num mundo marcado por múltiplas *marcas* e *fontes* de acontecimentos traumáticos.

Assim, o que pretendemos destacar inicialmente são os signos que evidenciam tais marcas e fontes do traumático na realidade atual. Dessa maneira, a indagação inicial deste ensaio é colocar em destaque as condições concretas de possibilidade da experiência traumática hoje, nas suas múltiplas formas de manifestação.

Ao lado disso, é preciso pontuar também de forma preliminar o que se entende por trauma neste ensaio, à medida em que vou colocar em destaque a leitura psicanalítica do trauma, que se enunciou inicialmente com Freud e foi retomada posteriormente em uma longa tradição psicanalítica. Com efeito, desde o início da constituição do discurso psicanalítico foi enunciada a categoria de trauma por Freud em 1894-1896 com a *teoria da sedução* (Birman, 2024). Contudo, essa leitura inicial foi desconstruída por Freud em 1896, com a constituição da teoria da fantasia. No entanto, o conceito de trauma foi retomado tardiamente no percurso freudiano em 1920, com a obra *Além do princípio do prazer* em uma perspectiva teórica bastante diferente da formulação inicial (Freud, 1981).

Portanto, se na leitura inicial a categoria de trauma na psicanálise foi articulada com a existência da *figura do pai perverso, identificado que foi com a figura do pai abusador*, na leitura final, em contrapartida, estaria em pauta a construção da figura do pai caracterizado pela *insuficiência*.

No entanto, em ambas as leituras introduzidas pelo discurso freudiano, o trauma se caracterizaria no registro psíquico, *da subjetivação* com características metapsicológicas bem delineadas, não se inscrevendo assim no registro biológico do organismo. Nessa perspectiva, diferentemente da leitura realizada no século XIX pelo discurso da neuropsiquiatria na Alemanha, que inseriu o trauma como consequência de uma disfunção e anomalia inscritas no sistema nervoso central, no discurso freudiano, em contrapartida, a ênfase clínica foi colocada no campo psíquico, no registro estrito do *sujeito*.

No entanto, com base nestas considerações preliminares em psicanálise, a perspectiva fundamental deste ensaio é demonstrar a pertinência teórica das interpretações de Freud e de Ferenczi sobre a experiência traumática, nas linhas de força e de fuga da caracterização do trauma na atualidade.

## *Ordem neoliberal*

Na virada histórica ocorrida no Ocidente nos anos 1980 iniciou-se a *nova ordem mundial* denominada de *neoliberalismo*, que não se restringiu a uma simples retomada do liberalismo do século XIX em um novo contexto histórico, pois *problemas sociais* cruciais que não eram outrora considerados como ativos e bens do mercado, como a *educação*, a *saúde*, a *arte* e a *ciência*, foram privatizados e, em consequência, transformados em mercadorias com a ordem neoliberal.

Devemos dizer, ainda, que o neoliberalismo não se limitou a ser apenas uma nova concepção *econômica* à medida em que se constituiu ao mesmo tempo um *Estado* e uma *Sociedade* neoliberal, que se desdobrou também em muitos registros culturais e subjetivos. Além disso, é preciso destacar ainda como com a nova ordem neoliberal ocorreu também a *globalização* da ordem neoliberal, a começar pela constituição da globalização da economia internacional.

Por isso mesmo, alguns autores, como Dardot e Laval (2016), enunciam em consequência que a nova ordem neoliberal é uma nova ordem do mundo, destacando assim a abrangência da concepção teórica em pauta.

Todas estas transformações cruciais ocorridas no mundo contemporâneo se realizaram ao mesmo tempo em que uma mudança fundamental se realizou do campo *geopolítico internacional*, a saber: o *fim da Guerra Fria*, com a *desconstrução* conexa da *União Soviética e a queda do Muro de Berlim*, e a consequente derrota do *socialismo real*, com a eloquente vitória do *capitalismo* no Ocidente.

Com essas transformações destacadas, realizou-se ao mesmo tempo a *suspensão* da *hegemonia* teórica do marxismo no Ocidente, na interpretação fundamental da *sociedade* e da *política* como ocorria desde o final do século XIX (Birman, 2024).

Neste contexto, se o conceito da *luta de classes*, enunciado por Marx e Engels, ocupava anteriormente uma posição *estratégica* na interpretação da lógica dos processos sociais e históricos, este começou a ser progressivamente desconstruído e colocado de lado como ferramenta teórica na interpretação dos processos sociopolíticos.

Além disso, se os diferentes registros *identitários* foram anteriormente inscritos no campo teórico do conceito enunciado por Marx de luta de classes que assim os subsumia, com a ruptura histórica, social e política ocorrida no final dos anos 1980, em contrapartida, tais registros identitários se autonomizaram no Ocidente e não eram mais assim subsumidos ao conceito de luta de classes, constituindo então os diferentes registros constitutivos do *multiculturalismo* na contemporaneidade (Birman, 2024). Com efeito, os registros do *gênero*, da *raça*, da *cor* e da *etnia* passaram a ser o campo fundamental dos embates sociopolíticos na atualidade, constituindo, assim, as diversas modalidades de identitarismo (Birman, 2024).

Na passagem dos anos 1970 para os anos 1980, Thatcher e Reagan foram os porta-vozes da transformação neoliberal do mundo de então, de forma que Margaret Thatcher formulou que não compreendia o que era uma *sociedade*, pois o que existia, segundo ela, era a troca entre os homens de bens e serviços no âmbito do mercado. Portanto, neste último, a concepção de sociedade foi desconstruída sistemática e minuciosamente, de forma que no seu lugar só passou a existir o mercado. Com isso, enfim, a figura do *cidadão* foi desaparecendo na cartografia da nova ordem neoliberal do mundo e em seu lugar se avolumou a figura do *consumidor* (Birman, 2024).

## *Formas de subjetivação e empresário de si próprio*

Contudo, um dos efeitos fundamentais do neoliberalismo foi a construção de novas *relações de trabalho* que se desdobraram em alto nível de desemprego, em escala internacional. Com isso, a sistemática *precarização* das relações de trabalho e dos laços sociais se desdobrou simultaneamente em ampla, geral e irrestrita *precarização subjetiva*. Com efeito, a implacável precarização subjetiva neste contexto conduziu a um incremento vertiginoso da *depressão* e da melancolia nos diversos segmentos da população internacional, com a constituição correlata de *novas modalidades do sofrimento* ligadas ao incremento dos *estados-limite* na contemporaneidade (Birman, 2024).

Além disso, com a devastadora crise econômica de 2008 da sociedade neoliberal, a precarização das subjetividades no âmbito internacional foi incrementada ao seu máximo, de forma que neste contexto social a Organização Mundial da Saúde elegeu a depressão como a enfermidade mais frequente da contemporaneidade. Com efeito, o incremento da depressão em articulação com a precarização subjetiva generalizada, do ponto de vista epidemiológico, a colocou na posição ocupada anteriormente pelas *doenças cardíacas*, pelas *doenças degenerativas do sistema nervoso central* e pelo *câncer*, que como sabemos eram outrora dominantes na cartografia do mal, em escala internacional.

Em "Nascimento da biopolítica", curso realizado originariamente no Collège de France em 1979-1980 e posteriormente publicado como livro, Foucault realizou a leitura genealógica do neoliberalismo, onde destacou a inflexão ocorrida no registro das *formas de subjetivação*. Com efeito, constituiu-se especificamente neste contexto histórico-social a figura do *empresário de si próprio, de forma que quem não conseguisse performaticamente se realizar como empresário de si próprio* se inscreveria em uma *realidade mortífera*, de forma que em um cenário social de alta precarização aumentou em muito a cartografia social regulada pela oposição entre *vencedores* e *perdedores*, de forma que os perdedores seriam assim os fracassados em se realizar performaticamente como empresários de si próprios (Birman, 2024; Foucault, 2004).

Foi ainda neste contexto, permeado de forma metapsicológica pelo que Freud denominou de *narcisismo das pequenas diferenças*, que a exclusão social e a mortificação dos sujeitos no campo de incrementada precarização social se desdobrou na produção da depressão e da melancolia em alta escala, assim como no incremento epidemiológico dos estados limites, como já enfatizei (Freud, 1981).

Além disso, foi ainda neste contexto sócio-histórico que aumentou significamente o *bullying* nas populações infantis e de adolescentes, como derivação dos embates mortíferos da população adulta, como empresários de si próprios.

Portanto, é possível depreender de tudo isso como a competição e a rivalidade social aumentou muito na nova ordem neoliberal do mundo em comparação ao que ocorria anteriormente na ordem liberal do século XIX. Enfim, é possível depreender disso tudo ainda como o abuso subjetivo se incrementou vertiginosamente na nova ordem do mundo.

Dessa maneira, foi nesse novo contexto sócio-histórico, caracterizado pela intensa desconstrução dos laços sociais e de promoção da figura do empresário de si próprio, que a experiência do trauma, como forma de subjetivação, se colocou no primeiro plano dos acontecimentos contemporâneos, como formas psíquicas de dor e de sofrimento. Com efeito, com o incremento das catástrofes naturais e pela desconstrução devastadora das sociedades ditas mais pobres, um exílio de refugiados, sem comparação ao que foram as imigrações dos séculos XIX e XX, se realizou em direção aos países mais ricos do mundo (Europa e Estados Unidos), oriundos dos países mais pobres, seja da América Latina, da África, da Ásia e do Oriente Médio. A não corporação significativa das populações de refugiados pelos países mais ricos promoveu o incremento da morte social e do desalento, caracterizados clínica e subjetivamente pelo incremento da depressão e dos estados-limite.

Foi assim, neste contexto social de ordem catastrófica, que as leituras de Freud e de Ferenczi sobre o trauma se destacaram na atualidade, como condições concretas de possibilidade para nos defrontar clinicamente com as novas modalidades da dor e do sofrimento na atualidade.

## *Trauma em questão*

É preciso destacar inicialmente que a emergência histórica e epistemológica do discurso psicanalítico no final do século XIX, com Freud, se realizou pela formulação da leitura traumática das psiconeuroses, na qual Freud enunciou a *teoria da sedução* (Freud, 1973, Freud e Breuer, 1971) pela qual a figura de um adulto seduziria e abusaria de um infante de forma assimétrica, em um primeiro tempo pré-sexual/sexual na infância, mas que a dita condição de sedução se repetiria, nos tempos históricos da puberdade e da adolescência, em uma cena similar à cena originária, com a diferença de que na cena II a figura do infante seria então sexuada pela liberação biológica de hormônios sexuais, o que não ocorria na cena I.

Neste contexto, o discurso freudiano não se pautava ainda pela teoria da sexualidade infantil, conforme enunciou em 1905 nos *Três ensaios sobre a sexualidade*. Portanto, neste contexto de abuso sexual e moral, a figura paternal seria assim perversa, pois aquele abusaria da ingenuidade da criança. Enfim, a ação interpretativa da cena II sobre a cena I, da qual se realizaria pelo recalque, foi denominada por Freud de posterioridade.

Contudo, o discurso freudiano vai criticar logo em seguida essa teoria traumática inaugural, pois Freud não poderia acreditar que a figura do pai fosse sempre perversa, do ponto de vista estrutural, de forma que desde 1896 Freud "não poderia acreditar mais na sua neurótica", como formulou Freud (1973) a Fliess na sua *Correspondência*", de forma que a maioria de seus pacientes não foram desacreditados, mas enunciavam a verdade no registro psíquico de suas *fantasias* (sexuais) inconscientes, isto é, na realidade psíquica, e não na realidade material como enunciara anteriormente na teoria da sedução.

Iniciou-se, assim, uma outra leitura da sexualidade fundada na *sexualidade infantil* de ordem *perversa polimorfa*, no contexto da qual a figura do pai aparece como *protetora do infante*, delineando a posição da condição concreta de possibilidade de produção das diferentes formações do *inconsciente* (Freud, 1973), constituídas pela articulação entre os registros do *desejo* e do *recalque*.

Com efeito, de 1896 a 1915, o discurso freudiano delineou uma efetiva *cartografia* das diversas formações do *inconsciente*, a saber, o *sintoma*, o *sonho*, o *ato falho*, o *lapso* e *chiste*, e a *transferência* (Freud, 1973, 1976, 1900, 1973, 1985), objetos que seriam específicos da interpretação psicanalítica no sentido estrito.

## Compulsão à repetição e pai insuficiente

Entretanto, esse *paradigma* teórico e clínico da psicanálise foi transformado radicalmente em 1920, no ensaio intitulado *Além do princípio do prazer*, no qual Freud enunciou outra leitura traumática na psicanálise, enunciando inicialmente a partir da categoria de *neurose da guerra* a categoria clínica mais abrangente da *neurose traumática*, que seria desde então dominante na experiência psicanalítica até o final da obra freudiana (Freud, 1981).

Neste contexto, o discurso freudiano passou a problematizar a *repetição* como *compulsão à repetição* (Freud, 1981), pelo qual a experiência traumática seria assim progressivamente simbolizada para ser então posteriormente inscrita como uma formação do inconsciente.

Tudo isso implicou na configuração de outra representação da figura do pai na psicanálise, denominado propriamente de *pai insuficiente*, à medida que este não poderia desde então se antecipar ao evento traumático, que pegaria assim o sujeito de surpresa e indefeso para um evento que ultrapassaria então as suas expectativas.

Nessa perspectiva, o discurso freudiano enunciou em 1926, no ensaio intitulado *Inibição, sintoma e angústia*, a oposição existente entre a *angústia sinal* e a *angústia real*, na qual naquela o sujeito poderia realizar a *antecipação* do perigo e colocar em ação prontamente as suas *defesas* face ao pior, enquanto nessa, em contrapartida, o sujeito não poderia se antecipar então ao perigo (Freud, 1973), pois o pai insuficiente não ofereceria ao infante operadores e ferramentas psíquicas específicas para isso.

Evidentemente, a palavra e o conceito de antecipação implicam referência ao registro do *tempo*, de forma que pela mediação crucial da temporalidade o sujeito poderia realizar a *simbolização* do pior e se proteger então do infortúnio mortífero. Seria a falência do pai insuficiente que conduziria o sujeito à impossibilidade da simbolização, pela mediação da categoria do tempo, da forma que o sujeito ficaria aprisionado nas linhas de força dos contornos do *espaço*.

Portanto, a ampla e inequívoca precarização das formas de vida e de trabalho, promovidas no contexto catastrófico do mundo neoliberal, colocou o sujeito diante de um mundo em que a figura do pai insuficiente se disseminaria a céu aberto, evidenciando-se pela desconstrução de instituições sociais protetoras para a população no registro micropolítico, de forma que o sujeito ficaria assim exposto permanentemente ao imprevisível e da surpresa, que lhe lança assim de forma impiedosa no abismo da experiência traumática permanente.

## *O desmentido*

No final do seu percurso teórico em psicanálise, ao final dos anos 1920 e início dos anos 1930, Ferenczi (1974) retomou a teoria freudiana inicial da *sedução,* enunciando assim de maneira decisiva a teoria denominada de *neocatarses* em psicanálise, em um cenário marcadamente assimétrico em que o infante enunciaria de forma ingênua a *linguagem* da ternura e o adulto enunciaria, em contrapartida, a *linguagem da paixão*. Portanto, o efeito da sedução/abuso da figura do adulto sobre a criança se articularia então no campo diferencial delineado nesse ruído retórico e linguageiro.

Contudo, Ferenczi enunciou um outro conceito para repensar o traumático, qual seja, o desmentido pelo qual a figura do adulto peremptoriamente não reconheceria quando o infante lhe denunciaria no ato da sedução, de forma que o que seria especificamente traumático nesta cena crucial seria a *recusa* do adulto em *reconhecer* o seu ato de abuso sexual sobre o infante.

Nesta perspectiva, podemos enunciar que Ferenczi realizou certamente um avanço teórico e clínico considerável na interpretação do trauma em psicanálise, pelo enunciado decisivo da operação do desmentido que expõe o infante ao abuso do Outro, mas no qual esse não reconhece o abuso que realizou de fato.

## *Conclusões*

É preciso reconhecer que, na atualidade, com a disseminação da precarização das condições de vida e do trabalho, o sujeito fica exposto na cena psíquica não apenas à disseminação da figura do pai insuficiente, por um lado, mas também à disseminação da operação do desmentido à medida que a figura do pai insuficiente se revela também pela impossibilidade de assumir e reconhecer o seu ato abusivo pelo outro.

Enfim, as concepções de Freud e Ferenczi sobre o trauma se mostram não apenas pertinentes e atuais para interpretar a disseminação do trauma na nossa atualidade histórica, mas também *complementares,* para incidir decisivamente nas formas de sofrimento e de dor promovidas pelo trauma na contemporaneidade, no registro específico da clínica.

## *Referências*

Birman, J. (2022). *A pandemia do coronavírus*. Civilização Brasileira.

Birman, J. (2024). *Guerra e política em psicanálise*. Civilização Brasileira.

Dardot, P., Laval, C. (2016). *A nova razão do mundo*. Boitempo.

Ferenczi, S. (1974). Príncipe de relaxation et neocatharsis. In S. Ferenczi, *Pschanalyse IV. Oeuvres Completes* (1927-1933) (Vol. IV). Payot. (Trabalho original publicado em 1930)

Foucault, M. (2004). *Naissance de la biopolitique*. Gallimard/Seuil/EHESS.

Freud, S. (1901). *Psychopathologie de la vie quotidienne*. Payot, 1973.

Freud, S. (1921). Psychologie des foules et analyse du moi. In S. Freud, *Essais de psychanalyse*. Payot. (Trabalho original publicado em 1921)

Freud, S. (1970). *Les écrits techniques*. PUF.

Freud, S. (1973) Lettres à Wilhem Fliess, notes et plans (1887 1902). In S. Freud, *La naissance de la psychanalyse*. PUF.

Freud, S. (1973) Nouvelles remarques sur les psychonévroses de défense. In S. Freud, *Névrose, psychose et perversion*. PUF. (Trabalho original publicado em 1896)

Freud, S. (1973). *Inhibition, symptôme et angoisse*. PUF. (Trabalho original publicado em 1926)

Freud, S. (1973). Les psychoneuroses de defense. In S. Freud, *Névrose, psychose et perversion*. PUF. (Trabalho original publicado em 1894)

Freud, S. (1976). *L'interprétation des rêves* (1900) (Capítulo VII). PUF.

Freud, S. (1981). Au-delà du principe du plaisir. In S. Freud, *Essais de psychanalyse*. Payot. (Trabalho original publicado em 1896)

Freud, S. (1985). Les mots de l'esprit et ses relations avec l'inconsciente. Gallimard.

Freud, S., Breuer, J. (1971). *Études sur l'hystérie*. (Trabalho original publicado em 1896)

# 5. A identificação com o agressor e suas vicissitudes[1]

*Daniel Kupermann*

## *Introdução*

O termo "vicissitudes", como vocês podem reconhecer, aparece na tradução da editora Imago para o texto de Freud sobre as pulsões (1915). É um termo interessante para pensar essa categoria tão criativa, esse mecanismo de defesa proposto por Ferenczi ao campo psicanalítico – a "identificação com o agressor" –, buscando articulações que nos ajudem a pensar a nossa contemporaneidade. Antes de iniciar, gostaria de dizer que a minha apresentação tem um caráter absolutamente experimental. Eu levei a sério o termo "preparatório" que aparece no título desse curso e pesquisei como os dicionários definem preparação: é o ato de preparar algo de forma a poder ser utilizado. Eu espero que as ideias que apresentarei a vocês possam, de fato, promover pensamento, possam ser usadas. Os leitores de Winnicott (1969) sabem que o termo "uso" (do objeto) implica destruição e a consequente criação. Então, que as ideias aqui expostas possam ser destruídas, originando, assim, novas ideias; à moda daquelas gravações dos filmes

1 Transcrição realizada por Helena Battendieri Brotero de Castro da aula proferida para o "Curso preparatório à 14ª Conferência Internacional Sándor Ferenczi", em 28 de outubro de 2023.

antigos de detetive: "essa mensagem será destruída em 10 segundos após ser escutada".

*****

A elaboração dessa aula começou em outro evento que reuniu vários membros do Grupo Brasileiro de Pesquisas Sándor Ferenczi, organizado pela Nebulosa Marginal e pela Formação Freudiana na PUC do Rio de Janeiro, em 2023. Um evento comemorativo dos 150 anos de nascimento de Ferenczi, no qual eu tive o prazer de participar de uma mesa com Jô Gondar e Gilberto Souza. A ambição do Grupo Brasileiro de Pesquisas Sándor Ferenczi é a criação de uma *comunidade*; porém, precisamos inventar o sentido dessa comunidade, e me parece que, quando as ideias circulam, provocam, fertilizam, temos uma pista de que estamos construindo uma comunidade. Nessa mesa, Gilberto Souza cita uma passagem do *Diário clínico* (Ferenczi, 1932, p. 181), na qual Ferenczi se refere à paciente que ele chama de S.I.: uma paciente que aparenta portar um quadro atravessado por delírios psicóticos. Ferenczi diz assim: "S.I. encontrou-se durante alguns anos sob a influência demoníaca de espíritos maléficos que aterrorizavam e dirigiam a ela seu ódio e sua intenção homicida". Ele continua dizendo que "a crueldade mais horrenda infligida a essa paciente foi efetivamente ter sido forçada a engolir os órgãos genitais de um negro repugnante que acabara de ser morto".

Não sabemos quanto de realidade existe nessa fala da paciente, mas isso não importa. Gilberto, um jovem homem negro, diz que estranha muito que isso tenha aparecido no *Diário clínico* sem nenhum comentário de Ferenczi acerca desse delírio, dessa fantasia, ou, mesmo, desse fato, "engolir os órgãos genitais de um negro repugnante que acabara de ser morto", como figura do ódio. No debate que se seguiu às apresentações, Gilberto disse que muitas vezes escreve psicanálise com ódio. Quase imediatamente eu retruco: "Graças a esse ódio, você consegue escrever e ler psicanálise, senão você sucumbiria ao auto-ódio" (ainda que tenha sido um debate público, solicitei ao Gilberto autorização para que eu começasse a minha aula relatando este episódio). Então, parece-me que neste exemplo nos são apresentadas três formas do ódio: na fala da paciente de Ferenczi, na fala de Gilberto, na minha fala. A primeira, expressa por Gilberto, indicaria um ódio que eu pensaria, talvez, como um ódio sublimado, porque é um ódio como figura de movimento, de potência. Um ódio ligado às pulsões escópicas que Freud diz que movem o nosso desejo de saber, nossas pulsões de domínio etc. A figura de um ódio do qual talvez não devamos abrir mão. A segunda figura é a do auto-ódio. O auto-ódio como uma figura de impotência. Foi justamente essa figura do auto-ódio que me permitiu elaborar a aula de hoje a respeito da identificação com o agressor e suas vicissitudes. O que é o auto-ódio? Nós sabemos que na traumatogênese de Ferenczi não temos apenas um agressor; temos dois momentos de agressão, e o agressor – em função da estrutura dissimétrica, da estrutura de poder, na cena traumática – é alguém a quem não podemos odiar; e justamente por isso uma das vicissitudes do trauma é o auto-ódio. Por último, é importante recordar o ódio da paciente S.I. falando do homem negro repugnante, do assassinato, do homicídio, que nos remete a um ódio dirigido ao outro, que eu vou nomear de ódio destruidor, com características homicidas, invejosas.

Iniciarei meu argumento focando a questão do racismo. Em seguida, proporei a vocês uma torção para um outro problema. Ainda insistindo no espírito de comunidade, antes da pandemia, nosso colega Fábio Belo (2018) organizou o Congresso Nacional de Psicanálise, Direito e Literatura (CONPDL), na Universidade Federal de Minas Gerais (UFMG). O tema era o racismo, e o disparador o livro *Quarto de Despejo: diário de uma favelada*, de Carolina Maria de Jesus (2014). Publicamos um capítulo no qual destacamos a noção do auto-ódio, no modo como ele é descrito por Carolina Maria de Jesus. Vou citar para vocês uma passagem muito curta. Antes, claro, preciso dizer quem é a escritora: uma mulher negra da favela do Canindé, em São Paulo. Uma mulher muito pobre, nos anos 1950, que resolve escrever e é descoberta pelo jornalista Audálio Dantas. Vocês imaginam que uma mulher escrevendo na favela não era algo muito comum na década de 1950. Ela diz: "Sentei ao sol para escrever. A filha da Silvia, uma menina de 6 anos, passava e dizia: Está escrevendo, negra fidida!" (p. 26). Trata-se de uma cena terrível, em que uma menina de apenas 6 anos, também favelada, também negra, já incorporou o auto-ódio promovido pela identificação com o agressor (Kupermann & Martins, 2018).

## *Racismo e auto-ódio*

O auto-ódio é um tema importante na literatura acerca da condição judaica da Europa do século XX. Minha referência é o livro de Theodor Lessing de 1930, mesmo ano em que Freud publicou o *Mal-estar na civilização* um pouco antes da ascensão de Hitler ao poder. O título é *O auto-ódio judaico* (Lessing, 1930). No entanto, foi a partir da Primeira Guerra Mundial que o tema do auto-ódio judaico passou a ser mais discutido. Há um paradoxo, que é importante expor, na questão do auto-ódio. Essa problemática se inicia com o que foi conhecido como emancipação judaica, no final do século XVIII e durante todo o século XIX, que permitiu aos judeus sairem de guetos e adotarem um distanciamento em relação ao estilo de vida herdado dos pais. Temos dois personagens históricos ilustres, que são efeito da emancipação judaica: o primeiro se chama Karl Marx, e o segundo, Sigmund Freud. Então, para emancipar-se era preciso um certo exercício de ambivalência das novas gerações. Esses homens precisaram negar parte da tradição que receberam e que durante séculos restringiu a subjetividade judaica a um certo *Ethos*, e passar a habitar a cultura em sentido mais amplo, fazer cursos universitários, dedicar-se às ciências etc. Era preciso, portanto, exercer a ambivalência; era preciso dispor do que vou chamar de ódio potente, o ódio próprio ao exercício da ambivalência.

Não à toa, quando Freud pensa o Complexo de Édipo, destaca a ambivalência do filho em relação ao pai. Dessa maneira, Freud está descrevendo a constituição da subjetividade do homem moderno europeu, que é capaz de se diferenciar da tradição, criando um modo de vida mais independente, autônomo ou singular em relação a essa mesma tradição. Assim, há um certo paradoxo nessa experiência, porque esse ódio permite a diferenciação, mas isso não implica a recusa completa de uma relação com essa tradição.

Vou dar um exemplo: Freud era filho de um homem religioso, leitor da Torá, mas Freud se torna um ateu, um homem de ciência. O problema é que, com o advento do antissemitismo, do modo como ele foi exercido na Europa, o ódio em relação à tradição adquire a tonalidade do auto-ódio, que é o tema de Theodor Lessing, com os judeus se identificando, por exemplo, com os estereótipos dos seus agressores e perseguidores. Seja convertendo-se ao catolicismo, suicidando-se ou adoecendo psiquicamente. Nesse contexto, o que aparece nessa literatura que expressa o auto-ódio? "Sou feio por causa do meu nariz adunco". "Sou interesseiro porque dou valor ao dinheiro". "Sou um traidor como Judas". "Sou fraco fisicamente porque não sou ariano". "Sou afeminado porque sou membro do povo do livro, com afinidades intelectuais". Vejam, essa dimensão do auto-ódio revela o que se pode chamar de problemática *identitária* evidente: no caso referido, à identidade judaica; no caso da menina da favela do Canindé referida à identidade pobre e negra. Contudo, revela também uma problemática *identificatória* porque, onde se exercia a ambivalência, passa a vigorar um outro mecanismo que leva ao auto-ódio. Ou seja, do bom uso do ódio, no sentido positivo da possibilidade de criação de uma singularidade, ao ódio incorporado, ao auto-ódio.

Freud conseguiu de alguma maneira escapar desse destino. Na sua autobiografia, há uma passagem na qual lemos:

> *Quando ingressei na universidade, em 1873, eu experimentei desapontamentos consideráveis. Antes de tudo, verifiquei que se esperava que eu me sentisse inferior e estranho, porque era judeu. Recusei-me, de maneira absoluta, a fazer a primeira dessas coisas, mas jamais fui capaz de compreender por que devo me sentir envergonhado da minha ascendência ou, como as pessoas começavam a dizer, da minha raça (1925, p. 19).*

A discussão racial freudiana começava no final do século XIX na Europa colonizadora, referida, no entanto, ao antissemitismo, experimentado na própria carne. Mas o antissemitismo europeu é, efetivamente, paradigmático do racismo moderno, como se pensa ao menos desde a Escola de Frankfurt. Ele implica uma problemática identificatória, referida ao jogo entre segregação e reconhecimento *em solo europeu*, sem o distanciamento do extermínio e da escravização das populações indígenas e negras nas colônias.

Apresentarei para vocês uma cena ligada a essa problemática, conhecida dos leitores de *A interpretação de sonhos* (1900), que diz respeito à relação de Freud com o pai e às questões identificatórias e identitárias. A cena relata um passeio que Freud fez com o pai, na qual ele diz que tinha 10 ou 11 anos de idade. Nessa caminhada, conversavam sobre o mundo no qual viviam, e então seu pai resolve contar uma história a fim de mostrar como as coisas estavam melhores naquela época, em relação aos seus dias de juventude. Freud nasceu em 1856. Então esse episódio ocorreu em 1866, 1867, final do século XIX. Jacob, pai de Freud, teria contado: "Quando eu era jovem, disse ele, fui dar um passeio num sábado pelas ruas da cidade onde você nasceu; estava bem-vestido e usava um novo gorro de pele. Um cristão dirigiu-se a mim e, de um só golpe, atirou meu gorro na lama e gritou. Judeu! Saia da calçada!" Ao que Freud perguntou, com 10 ou 11 anos: "E o que o senhor fez?" E o pai respondeu: "Desci da calçada e apanhei meu gorro, foi sua resposta *mansa*" (Freud, 1900, p. 208-209). Vejam, isso é a tradução. A palavra em alemão não é "mansa". A palavra em alemão é *gelassen*. Eu vou voltar a isso ao final. Freud conclui dizendo:

> *Isso me pareceu uma conduta pouco heroica por parte de um homem grande e forte que segurava o garotinho pela mão. Contrastei essa situação com outra que se ajustava melhor aos meus sentimentos: a cena em que o pai de Aníbal, Amílcar Barca, fez seu filho jurar perante o altar da casa que se vingaria dos romanos. Desde essa época, Aníbal estivera presente em minhas fantasias (Freud, 1900, p. 208-209).*

Freud, com 10, 11 anos, não entende a atitude do pai e se identifica, defensivamente, com a figura de um herói da história, que enfrenta os romanos – perde a guerra, mas era corajoso. *Delenda est Cartago*, como vocês conhecem.

## *O ódio na clínica*

Sándor Ferenczi se debruça, no final da sua obra, às problemáticas da identificação com o agressor e dos destinos do ódio. No texto *Princípio de relaxamento e neocatarse*, de 1930, dá um exemplo que muda toda a sua perspectiva a respeito do sentido do psicanalisar. É o que o levou do emprego da técnica ativa para o que chamamos de "virada de 1928", culminando na clínica da neocatarse (Kupermann, 2021). Uma paciente, após alguns anos de manifestações da transferência negativa e do ódio ao analista em função de um duro combate com a resistência, diz algo como: "agora que eu te amo, posso renunciar a você". A partir desse momento, Ferenczi (1930) conclui que toda a adesividade transferencial, ou seja, o que prende o sujeito a um objeto que tem um caráter perseguidor – problema que o levara efetivamente a entender que a neurose de transferência não era o que se estabelecia na clínica dos casos difíceis com os quais ele trabalhava, ou na clínica dos sujeitos traumatizados –, tem como força motriz o ódio; um ódio que não pode ganhar expressão. Justamente por isso lemos: "O ódio recalcado constituía um meio de fixação e de colagem, mais poderoso do que a ternura aberta e reconhecida" (Ferenczi, 1930, p. 66). Lembro a vocês que 1930 é também o ano em que Ferenczi escreve uma carta a Freud, queixando-se da sua análise, reclamando que Freud não permitiu a análise da transferência negativa, ou seja, que ele fizesse o trabalho do afeto, a perlaboração do seu ódio. Nesse sentido, Ferenczi passou o final da sua vida, de alguma maneira, tentando promover junto aos casos que atendia perlaborações para se livrar do que nomeou de transferência tirânica. Então, o que nós chamamos de transferência negativa implica agressividade, ódio, destruição, todo esse leque de experiências que fazem parte da experiência aprofundada de análise. E isso era fundamental na clínica de Ferenczi.

As dificuldades técnicas na condução de certas análises começam a se evidenciar para Freud já nos anos 1910, sobretudo com o caso do Homem dos Lobos. No relato apresentado em *História de uma neurose infantil*, Freud (1918[1914]) escreve que a resistência do paciente era intransponível, porque este se encontrava entrincheirado por detrás de uma dócil indiferença, ou amável apatia, dependendo da tradução. Mas Freud dizia não haver expressão nenhuma de hostilidade. Como a análise não avançava, a ideia de uma estagnação no tratamento o levou a criar a "técnica ativa". Isso é o que está escrito. O que nós não lemos no artigo científico é o que Freud escreve em carta escrita para Sándor Ferenczi em 13 de fevereiro de 1910 (Freud

& Ferenczi, 1908-1914). Sem conhecer a carta, temos a ideia de que o Homem dos Lobos era um jovem impotente, aderido ao analista, incapaz de qualquer expressão de hostilidade. No entanto, na missiva Freud escreve: "Um rico jovem russo que tomei em análise por causa de uma paixão amorosa compulsiva confessou-me depois da primeira sessão as seguintes transferências: judeu vigarista, ele gostaria de me pegar por trás e cagar em minha cabeça". Este é o paciente que na versão publicada do caso apresentava uma amável apatia! A pergunta que levantamos é: o que Freud não pôde escutar efetivamente dessa dimensão do ódio?

Justamente, essa resistência de Freud é que me conduziu à hipótese que eu gostaria de compartilhar com vocês, a de que *houve uma transformação, no Homem dos Lobos, do ódio transferencial em auto-ódio.*

Em *As fantasias provocadas* Ferenczi, (1924) descreve em um texto curto um paciente com semelhanças com o caso do Homem dos Lobos atendido por Freud. Trata-se também de um paciente obsessivo, um jovem incapaz de qualquer hostilidade. Percebendo uma estagnação da análise, Ferenczi faz o mesmo movimento de Freud: estabelece um prazo para o término do tratamento. Mas ele já esperava uma reação hostil do analisando e, como ela não aparece, Ferenczi concebe a ideia das fantasias "forçadas" ou "provocadas" (em alemão, o título original do artigo é *Über forcierte phantasien*). É solicitado ao analisando que expresse sentimentos hostis em relação ao analista (Ferenczi). Depois de alguma insistência, diz Ferenczi, emerge uma cena sádica na qual o analisando possui o analista "por trás". Exatamente a fantasia que o Homem dos Lobos, na primeira sessão, relata a Freud – nesse caso invertida. Ferenczi diz que, dessa maneira, foi possível para ele analisar todos os aspectos do Complexo de Édipo desse paciente. No entanto, ao rever as contraindicações da técnica ativa, Ferenczi (1926) percebe que essa cena, que aparentava ser sádica, era, na verdade, uma espécie de "presente" para a demanda do analista ativo/intrusivo; então, ela seria de fato uma cena masoquista, uma vez que o analisando se coloca na posição de objeto *para* e *do* analista.

Esse movimento de autocrítica o conduz na direção da teoria do trauma, como tentativa de compreender as tendências para que certas modalidades de relação analítica coloquem o analisando na posição de objeto de gozo de um analista intrusivo. *E a hipótese que talvez mais o inspire, e que eu gostaria de enfatizar, é a de que se encontra, no sujeito traumatizado, uma tendência a transitar entre duas posições: a de agressor ou a de vítima.* É justamente isso que Ferenczi vai apresentar com a sua traumatogênese. Postulo, então, que o interesse de Ferenczi com a teoria do trauma é cartografar uma subjetividade que é o efeito dessa problemática identificatória, ou seja, o sujeito traumatizado se encontrando limitado a ocupar duas posições antagônicas: vítima ou agressor, sádico ou masoquista. Como se a consequência do trauma fosse uma espécie de restrição ou constrangimento da subjetividade, na qual o trabalho da ambivalência – tão importante para os processos identificatórios constitutivos do Eu – não pode acontecer.

A percepção de um obstáculo ao trabalho da ambivalência, trabalho que nas análises é realizado por meio da transferência negativa, conduziu Ferenczi à hipótese de que estaríamos diante de subjetividades compostas exclusivamente de Id e Superego, aderidas a um objeto tirânico. Na teoria freudiana, o sujeito neurótico se constitui por um precipitado de identificações, assimiladas, processadas, digeridas, perlaboradas, permitindo, assim, que o sujeito tivesse uma margem de singularidade em relação aos seus objetos primários de satisfação, e criasse um estilo próprio para a sua existência. Em contrapartida, a cena traumática descrita por Ferenczi nos conduz a uma problemática identificatória estranha ao campo da neurose, como veremos a seguir.

## *Os tempos do trauma*

Propus, em uma leitura acerca do circuito do trauma tal como exposto por Ferenczi, três tempos referentes a situações relacionais para o acontecimento traumático (Kupermann, 2021): o *tempo do indizível*, que coincide com a primeira agressão sofrida pela vítima; o *tempo do testemunho*, como a tentativa de não sucumbir à chamada *comoção traumática*, por meio da busca de ajuda de um outro em quem o sujeito *ainda* confia; e o *tempo do desmentido*, que fixa o sujeito na cena traumática por meio da identificação com o agressor, mantendo-o aderido a uma espécie de imagem estática ou palavra congelada que, como diz Teresa Pinheiro (2016), perde todo seu poder polissêmico, impedindo o deslizamento do sentido, a simbolização, e a emergência de outras significações que não aquelas propostas pela versão única oriunda da narrativa do agressor. Efetivamente, a problemática maior imposta pelo trauma ao psiquismo, o que Ferenczi entendeu muito bem, é o fato de que ele imobiliza o aparelho psíquico, impedindo o pensamento. Uma passagem de 1934 é esclarecedora do sentido da imobilidade traumática e da identificação com o agressor. Ferenczi (1934, p. 109, grifo nosso) escreve: "O choque sobrevém sempre sem preparação. Ele tem o caráter de algo súbito e equivale à aniquilação do sentimento de si, da capacidade de resistir, agir e *pensar* com vistas a defesa do si mesmo".

Dessa maneira, percebe-se como o que é abolido na experiência traumática é exatamente a possibilidade de pensar por si mesmo, e de agir de acordo com os próprios interesses. Recordo a passagem em que Ferenczi (1934) afirma que há, no sujeito traumatizado, uma espécie de desconfiança e de dúvida em relação às próprias percepções. Ora, se a percepção é um elemento fundante dos processos cognitivos, capaz de gerar e nortear pensamentos, a indicação é a de que o sujeito tomado pela cena traumática fica efetivamente impossibilitado de pensar. Lemos ainda (1934):

> *Diante do grande desprazer gerado, uma possibilidade de escape é oferecida pela* autodestruição. *Uma desorientação psíquica gerada pela destruição do que mantém a coesão das formações psíquicas em uma entidade. Isso gera uma suspensão de toda espécie de atividade psíquica, incluída também a percepção.*

Observem o termo utilizado por Ferenczi: *autodestruição*. Entendo que o auto-ódio é uma faceta dessa "autodestruição". Proporei, então, três figuras das vicissitudes da identificação com o agressor. Todas elas obedecem a uma certa lógica, a lógica de uma tentativa de resgate da onipotência perdida, de acordo com o modo como Ferenczi (1913a; 1913b) trabalhou esse conceito: *o sujeito deixa de ser onipotente, mas incorpora alguém que o é*. A identificação com o agressor é uma maneira de preservar ou, na verdade, de constituir o que Jay Frankel (2017) chamou de "fantasias de onipotência" defensivas – bem diferentes, convém ressaltar, da experiência de onipotência constitutiva da subjetividade.

## *Amor submisso, ódio destruidor, auto-ódio*

A primeira figura das vicissitudes da identificação com o agressor é *amor submisso*, e pode ser ilustrada pela conhecida síndrome de Estocolmo, referente ao sujeito que acaba se apaixonando pelo seu sequestrador. O amor submisso é efeito de uma regressão que remete o sujeito ao estado da dependência absoluta. É um mecanismo próprio de várias situações de violência. O sequestro é apenas uma delas, quando um homem adulto, uma mulher adulta, com autonomia de ir e vir, com os seus direitos garantidos, de uma hora para outra vê tudo isso ser absolutamente interrompido, ficando à mercê de um outro, assim como o bebê ou a criança vulnerável na situação da dependência absoluta do adulto cuidador. Contudo, no caso, esse outro é malévolo; não se trata aqui de oferecimento de cuidado. Mesmo assim, o sujeito se apaixona pelo seu próprio agressor. Na tortura, o mesmo processo se dá: o objetivo é promover esse tipo de regressão. Recordemos que Ferenczi (1931a; 1933) indica que a punição física é uma modalidade de trauma. Ou seja, ameaçar a integridade física de alguém é uma forma de violência traumatizante, assim como deter o poder sobre a sua vida, como no caso do sequestro. O amor submisso, em uma versão mais cotidiana, nos remete ao que atualmente vem sendo denunciado em termos de *relações abusivas*. Afinal, por que as pessoas se submetem a agressores? Freud (1924), que não dispunha do conceito de identificação com o agressor, tentou se aproximar desse problema com a formulação do masoquismo, feminino ou moral.

A segunda figura das vicissitudes da identificação com o agressor é o ódio destruidor, efeito da incorporação da "verdade" do agressor como a única narrativa possível. Não é incomum, por exemplo, que sujeitos que passaram por violências sexuais tornem-se, eles mesmo, violadores. A transmissão repetitiva da experiência traumática obedece a uma lógica que dita que, uma vez violado, *só restaria ao sujeito perpetuar a destruição*, destruindo também o outro. A violência a que temos assistido em alguns atentados em escolas nas quais alguém, uma criança ou adolescente, alvo de *bullying*, promove uma chacina vingativa, é bastante ilustrativa do ódio destruidor. Seria esse também um motivo relevante para o terrorismo como expressão mortífera de uma violência anteriormente sofrida, perpetuando o círculo vicioso da violência?

Enfim, a terceira figura das vicissitudes da identificação com o agressor, que me parece mais frequente na clínica, embora talvez seja também mais sutil e difícil de ser percebida, é a figura do *auto-ódio*. O auto-ódio como efeito de uma violência sistemática, estrutural, como nós dizemos na situação do racismo; o auto-ódio em uma situação como a descrita por Theodor Lessing na Europa antes da Segunda Guerra Mundial, infestada pelo antissemitismo. O auto-ódio ocorre, sobretudo, quando o sujeito é vítima do que Ferenczi (1933) nomeou de "terrorismo do sofrimento", na forma de constituição de uma subjetividade que se aproxima da melancolia. Se insistirmos em um diálogo Freud-Ferenczi ou Ferenczi-Freud, poderemos recorrer às concepções de Teresa Pinheiro (2002), que indica de que maneira a ideia de que a clivagem narcísica, como efeito da identificação com o agressor, é inspirada na metapsicologia da melancolia freudiana. De fato, em "Luto e Melancolia", Freud (1917[1915]) sublinha que, na melancolia, a sombra do objeto recai sobre o Eu. Desse modo, o ódio dirigido ao objeto perdido, uma vez impossibilitado de expressão, se transforma em auto-ódio, do qual o efeito é a melancolia. No luto, insiste Freud, é o mundo, são os objetos do mundo, que perdem o seu poder de atração; já na melancolia é o sujeito que se empobrece, torna-se desvalorizado e desprezível.

Freud (1919) buscou aprofundar sua descrição metapsicológica no ensaio "Bate-se numa criança", em que apresenta três cenas que compõem a fantasia infantil de espancamento: na primeira cena, o pai da criança bate em uma criança; na segunda cena, o pai bate na própria criança autora da fantasia; e na terceira cena, que é uma cena anônima, crianças apanham, e não se sabe de quem apanham. Essa terceira cena é uma cena que produz imobilidade, fixação. Ela é anônima. Ela tende a dessubjetivar aquele que produz a fantasia, colocando-o em posição de objeto do gozo de um outro.

Na descrição do trauma, seja em Freud, seja em Ferenczi, há agressor e vítima; há uma primeira cena em que alguém viola outrem, um sujeito em uma posição mais forte, mais poderoso, um adulto frente a uma criança, uma autoridade ou um representante do Estado frente a sujeitos em situação de vulnerabilidade. No tempo do desmentido – que indiquei como o terceiro tempo do trauma na proposição de Ferenczi –, ocorre uma nova agressão que torna estática e imutável à primeira cena referente à violação sofrida, justamente porque impede o testemunho capaz de promover elaboração, sentido e, mesmo, reparação para a agressão sofrida. Se confiamos em alguém, seja alguém com quem estabelecemos relações afetivas significativas – pai, mãe, familiares em geral, amigos, companheiros de amor –, seja uma autoridade da vida social, e esse alguém *desmente* nosso testemunho, cometendo a *Verleugnung*, como escreve Ferenczi (1931b), estamos diante de um acontecimento que imputa uma versão única na qual a vítima é que está mentindo, ou que foi responsável pela própria violência sofrida. Há, *com o tempo do desmentido traumático*, uma dessubjetivação da experiência, a fixação em uma cena de humilhação. E a consequência mais funesta dessa cena de horror na qual alguém agride outrem é que, ao não se poder pensar sobre ela, produzindo sentido e novas elaborações, restam duas opções ao sujeito violado: perpetuar-se na posição de vítima, ou invertê-la, transformando a passividade em atividade, tornando-se ela mesmo um novo agressor.

## *Conclusão: a alternativa da serenidade* (die Gelassenheit)

Nossa contemporaneidade impõe uma exposição a cenas traumáticas sucessivas, a modos de subjetivação que tendem a produzir o tipo de fixação descrita por Ferenczi com a concepção de identificação com o agressor. Nesse sentido, tendemos a oscilar entre a posição de vítima e a de agressor, e a enxergar o mundo pela perspectiva de que só existem, na vida social, vítimas e/ou agressores. Trata-se de uma espécie de paralisia do pensamento em um maniqueísmo radical, que produz fenômenos como a cultura do ódio – na qual a coesão de um grupo só se sustenta na destruição ou na fantasia de destruição de outro grupo considerado inimigo – o que vale para famílias, religiões, nações (Freud, 1921).

Proponho, à guisa de conclusão, uma questão: qual é o efeito das cenas contemporâneas de violência, de terror e de guerra que circulam com uma velocidade instantânea, invadindo nossas casas, quartos, camas, via celular, televisões, *tablets*? Não seriam cenas que se tornam tão anônimas que poderíamos ousar associar com a terceira fantasia descrita por Freud em "Bate-se numa criança"? Uma mãe com uma criança esquálida no colo; um homem, pai talvez, carregando o corpo de uma criança despedaçada; uma jovem estuprada com o cós da calça ensanguentado... São imagens que afetam, mas que tendem a paralisar o pensamento. Frente ao horror, a paralisia do pensamento nos remete identificatoriamente ao lugar da vítima ou do agressor, provocando seja o fascínio apaixonado, seja o ódio vingador, destruidor, ou ainda o auto-ódio vitimizador e melancolizador.

Se seguirmos o argumento referente às vicissitudes da identificação com o agressor, compreendendo que não são experiências exclusivas e que podem afetar o mesmo sujeito, compreende-se que o amor submisso, no registo grupal, se atualiza na figura da adoração de um líder poderoso, o que Freud descreveu no capítulo "Estar amando e hipnose" de seu livro *Psicologia de grupo e análise do ego*. E a adesão cega a um ideal ou a um líder favorece a expressão despudorada das paixões dessublimadas mais tristes, mais destrutivas, desde que dirigidas ao outro (Costa, 2023). Desse modo, o ódio destruidor pode emergir, incentivado pelas cenas de violência imposta a alguém anônimo humilhado, na qual escapamos do horror da passividade nos identificando com a figura ativa, o agressor. Finalmente, o auto-ódio equivaleria a uma reação impotente e melancolizadora frente a esse mesmo horror. É o caso, dentre outros, dos jovens que cada vez mais apresentam tendências à melancolização, refugiando-se nas patologias do ato: adicções e outros anestésicos para a angústia de morte provocada pela paralisia do pensamento.

Gostaria de finalizar evocando uma vez mais a cena relatada por Freud da caminhada com seu pai, Jacob, na infância. O pai lhe conta: "Olha como as coisas melhoraram: quando eu era jovem, eu estava bem-vestido, usava um gorro de pele, um cristão dirige-se a mim, joga o meu gorro na lama e grita 'Judeu, saia da calçada!'" Freud então lhe pergunta: "O que o senhor fez?" E o pai, com uma expressão "*gelassen*", segundo Freud, responde: "Eu desci da calçada e apanhei meu gorro."

Janine Altounian (2003, p.131), tradutora de obras de Freud para o francês, pontua que a versão mais difundida na França indicava que a resposta de Jacob foi expressa "*avec résignation*", ou seja, de "modo resignado"; uma resposta que Freud associa à covardia, refugiando-se no ódio destruidor vingativo alimentado por fantasias de onipotência e associado às figuras de Amílcar e Aníbal. Altounian, no entanto, observa que "A resposta de Jacob, do pai de Freud, ao filho, e ao que ele, pai, viveu não é de modo algum resignada". Porque o termo resignado, ou mesmo a resposta "mansa", como aparece na tradução em português da editora Imago, nos transmite um sentido de impotência e de passividade. No entanto, o adjetivo *gelassen* não indicaria de modo algum resignação, uma vez que *não* implica qualquer transitividade "que colocaria o pai numa relação de subordinação imposta ou aceita na relação com o objeto ou com o outro". Altounian (idem) acrescenta que *gelassen* designa, antes de tudo, "toda uma autorreferência, um respeito a si mesmo e aquilo que um pai transmite ao desejo de saber de um filho", traduzindo o termo alemão por equivalentes como placidez, imperturbabilidade ou, como preferimos, serenidade.

Assim, a serenidade da resposta paterna indicaria uma lucidez orientada pelo princípio de realidade, e uma denúncia do antissemitismo como um dado de uma época que ele, pai, acreditara estar ultrapassada. E essa serenidade preservaria a criança Freud dos afetos de ressentimento, deixando-a livre para elaborar como sua a herança judaica. Justamente ao *não* legar o heroísmo de um Amilcar, a serenidade de Jacob transmite uma dignidade que, apesar disso, para o menino de dez, onze anos, por condensação e identificação com Aníbal, suscitará no imaginário infantil o juramento de uma vingança.

O filósofo Martin Heidegger (2001) se dedicou ao tema da serenidade, *Gelassenheit*, definindo-a como "pensamento meditativo", não representacional e não voluntarista, que difere do "pensamento calculador". No entanto, Ligia Saramago (2008) sublinha que, ao contrário do que poderia parecer, a serenidade não remete a qualquer ideia de passividade ou permissividade nascida da fraqueza: o agir que se oculta no âmago da serenidade é de uma ordem mais elevada do que o cálculo humano usual, e não implica obrigatoriamente atividade, tal como esta é correntemente compreendida. Ela nos permite aguardar e perseverar.

Portanto, entendo que Janine Altounian propõe uma leitura do episódio considerando duas posições: um homem de cerca de cinquenta anos (Jacob) e um menino de dez (Freud), e como o menino de dez entende uma situação, e como a serenidade de seu pai – judeu desidentificado dos ideais de virilidade que inspiraram o nazifascismo posterior – indicava uma outra posição identificatória.

Pode-se pensar que esse episódio, e suas interpretações tão distintas, contribui para a compreensão do que se passa em nossa contemporaneidade, ou seja, para situações que nós temos acompanhado e que tem nos capturado pelo horror, dificultando o nosso pensamento. É mesmo preciso muita certeza de si e muita dignidade para, em algumas situações, simplesmente pegar o gorro na lama, ao invés de se refugiar em fantasias de onipotência alimentadas pela identificação com o agressor.

## *Referências*

Altounian, J. (2003). *L'Écriture de Freud: traversée traumatique et traduction*. PUF.

Belo, F. (2018). *Psicanálise e racismo: interpretações a partir de "Quarto de despejo"*. Relicário.

Costa, J. F. (2024). *Além do princípio do pudor*. Zagodoni.

Dal Molin, E. C. (2016). *O terceiro tempo do trauma*. Perspectiva/Fapesp.

Ferenczi, S. (1992). O desenvolvimento do sentido de realidade e seus estágios. In S. Ferenczi, *Psicanálise II*. Martins Fontes. (Trabalho original publicado em 1913a)

Ferenczi, S. (1993). As fantasias provocadas. In S. Ferenczi, *Psicanálise III*. Martins Fontes. (Trabalho original publicado em 1924)

Ferenczi, S. (1993). Contra-indicações da técnica ativa. In S. Ferenczi, *Psicanálise III*. Martins Fontes. (Trabalho original publicado em 1926)

Ferenczi, S. (1992). Princípio de relaxamento e neocatarse. In S. Ferenczi, *Psicanálise IV.* Martins Fontes. (Trabalho original publicado em 1930)

Ferenczi, S. (1992). Análise de crianças com adultos. In S. Ferenczi, *Psicanálise IV*. Martins Fontes. (Trabalho original publicado em 1931a)

Ferenczi, S. (1931b). Kinderanalysen mit Erwachsenen. *Internationale Zeitschrift für Psychoanalyse*, *17*(2),161-175.

Ferenczi, S. (1990). *Diário Clínico*. Martins Fontes. (Trabalho original publicado em 1932)

Ferenczi, S. (1992). Confusão de língua entre os adultos e a criança. In S. Ferenczi, *Psicanálise IV.* Martins Fontes. (Trabalho original publicado em 1933)

Ferenczi, S. (1992). Reflexões sobre o trauma. In S. Ferenczi, *Psicanálise IV.* Martins Fontes. (Trabalho original publicado em 1934)

Frankel, J. (2017). Ferenczi's envolving conception of narcissistic pathology and its basis in trauma. *The American Journal of Psychoanalysis*, *77*.

Freud, S. (1980). A interpretação de sonhos. In S. Freud, *Edição standard brasileira das obras psicológicas completas de Sigmund Freud* (Vol. 4 e 5). Imago. (Trabalho original publicado em 1900)

Freud, S. (2015). As pulsões e seus destinos. In S. Freud, Fundamentos da clínica psicanalítica. *Obras incompletas de Sigmund Freud* (Vol. 2). Autêntica. (Trabalho original publicado em 1915b)

Freud, S. (1980) Luto e melancolia. In S. Freud, *Edição standard brasileira das obras psicológicas completas de Sigmund Freud* (Vol. 17). Imago. (Trabalho original publicado em 1917[1915])

Freud, S. (1980). História de uma neurose infantil. In S. Freud, *Edição standard brasileira das obras psicológicas completas de Sigmund Freud* (Vol. 17). Imago. (Trabalho original publicado em 1918[1914])

Freud, S. (2020). *Bate-se numa criança*. Zahar. (Trabalho original publicado em 1919)

Freud, S. (1980). Psicologia de grupo e análise do ego. In S. Freud, *Edição standard brasileira das obras psicológicas completas de Sigmund Freud* (Vol. 18). Imago. (Trabalho original publicado em 1921)

Freud, S. (1980). O problema econômico do masoquismo. In S. Freud, *Edição standard brasileira das obras psicológicas completas de Sigmund Freud* (Vol. 19). Imago. (Trabalho original publicado em 1924)

Freud, S. (1980). Um estudo autobiográfico. In S. Freud, *Edição standard brasileira das obras psicológicas completas de Sigmund Freud* (Vol. 20). Imago. (Trabalho original publicado em 1925[1972])

Freud, S. (1980). O mal-estar na civilização. In S. Freud, *Edição standard brasileira das obras psicológicas completas de Sigmund Freud* (Vol. 21). Imago. (Trabalho original publicado em 1930[1929])

Freud, S. & Ferenczi, S. (1994). *Correspondance Freud/Ferenczi tome I – 1908-1914*. Calmann-Lévy.

Gondar, J. (2012). Ferenczi como pensador político. *Cadernos de psicanálise, 34*(27), 193-210.

Heidegger, M. (2001). *Serenidade*. Instituto Piaget.

Jesus, C. M. (2014). *Quarto de despejo: diário de uma favelada*. Ática.

Knobloch, F. (1998). *O tempo do traumático*. Educ/Fapesp.

Kupermann, D. & Martins, K. P. H. (2018). Racismo, fome, testemunho e humor. Sobre *Quarto de despejo: diário de uma favelada*, de Carolina Maria de Jesus. In Belo, F. (org.) *Psicanálise e racismo: interpretações a partir de "Quarto de despejo"*. Relicário.

Kupermann, D. (2021). *Por que Ferenczi?* Zagodoni.

Lessing, T. (2001). *La haine de soi: le refus d'être juif*. Berg International. (Trabalho original publicado em 1930)

Pinheiro, T. (2002). Escuta psicanalítica e novas demandas clínicas: sobre a melancolia na contemporaneidade. *Psychê*, *6*(9).

Pinheiro, T. (2016). *Ferenczi*. Casa do Psicólogo.

Saramago, L. (2008). Sobre a serenidade em Heidegger: uma reflexão sobre os caminhos do pensamento. *Aprender. Cad. de filosofia e psic. da educação*, *6*(10).

Winnicott, D. W. (1975). O uso de um objeto e relacionamento através de identificações. In D. W. Winnicott, *O brincar & a realidade*. Imago. (Trabalho original publicado em 1969)

# PARTE 2
# Trauma e transmissão

# 6. Trauma, conceito aberto[1]

*Eugênio Canesin Dal Molin*

Hoje, quem diz Ferenczi, diz trauma. Quem conjura esse autor traz para o centro da conversa o conceito de trauma e tudo que vem com ele. Como outros conceitos discutidos quase à exaustação no meio psicanalítico, o trauma não é das coisas mais simples, nem sua história se presta a uma apresentação linear. A ideia se torna tardiamente uma obsessão para Ferenczi, mas sempre esteve em seu campo de interesse de outras formas, arranjada de outras maneiras.

Minha sugestão é que adotemos uma disposição teórica específica para tratar do assunto, voltando-nos ao conceito de trauma como a um arranjo constelatório, uma constelação, no sentido que Adorno dá a esse termo explorado por Walter Benjamin. Para Benjamin (2011), "As ideias se

---

1 Este texto serviu de base para minha aula no Curso Preparatório para a 14ª Conferência Internacional Sándor Ferenczi. Uma versão dessas ideias foi publicada em inglês no *American Journal of Psychoanalsis*, 84, p. 79–93, 2024; e, em português, na revista *Cadernos de Psicanálise*, v. 46, n. 50. Gostaria de agradecer a leitura e os comentários de Isabella Borghesi Dal Molin, Renata Udler Cromberg, Diane Viana, Nelson Coelho Junior e do grupo de pesquisa que ele coordenou na Universidade de São Paulo quando esbocei essas ideias pela primeira vez, composto por Amanda Watson, Bruna Zerbinatti, Daniel Schor, Douglas Pereira, Fabio Vargas, Jô Gondar, Gisele Senne de Moraes, Sergio Gomes e Marina Bialer.

relacionam com as coisas assim como as constelações se relacionam com as estrelas" (p. 35). Adorno leva adiante esse modo de pensar e diz que

> *A história encerrada no objeto só pode ser entregue por um conhecimento ciente do valor posicional histórico do objeto em suas relações com outros objetos – pela atualização e concentração de algo que já é sabido e é transformado por esse conhecimento. Cognição do objeto em sua constelação é cognição do processo guardado no objeto. Como uma constelação, o pensamento teórico circula o objeto que ele gostaria de desvelar, esperando que ele possa voar livre como a fechadura de um cofre bem guardado: em resposta não a uma única chave ou único número, mas a uma combinação de números (Adorno, 2007, p. 163).*

Vamos começar brevemente com um Freud anterior à teoria da sedução, depois discutir algumas das formas diferentes que Ferenczi dá ao conceito de trauma e, por fim, comparar brevemente esse arranjo ao pensamento de outros autores do campo psicanalítico e às ideias sobre trauma de um grupo de sociólogos de Yale.

## *Trauma, conceito aberto*

Como sabem, o conceito de trauma sofreu mudanças ao longo da obra de Freud[2] (Balint, 1969; Janin, 2004, 2005; Knobloch, 1998;

2 Dois grupos de experiências catalisaram os esforços de teorização a respeito do trauma: o abuso sexual de crianças e as neuroses traumáticas (histéricas, "mecânicas" e, mais tarde, as neuroses de guerra). Sabemos que Freud dedicou atenção a ambos os grupos. O primeiro grupo ocupou seu pensamento entre 1895 e 1897, e mereceu uma série de textos, entre artigos (1896a, 1896b, 1896c), trechos de manuscrito (1895, p. 352-357), um relato clínico (1893-1895, p. 180-193) e cartas endereçadas a seu amigo, o médico Wilhelm Fliess (Masson, 1985). O segundo grupo de experiências, o das neuroses traumáticas, igualmente mereceu a atenção freudiana, como atestam escritos do começo de sua carreira (1894) e de sua maturidade (1918, 1920). Para mais detalhes sobre esses dois grupos, conferir Dal Molin, 2016; e 2017.

Laplanche, 2006; Uchitel, 2004; Dal Molin, 2016). Ainda na primeira metade da década de 1890, Freud defendeu que nos casos de neurose traumática "não é o ferimento físico insignificante a causa efetiva da doença, mas o afeto de pavor, o *trauma psíquico*" (Freud; Breuer, 1893-1895, p. 22). Nos *Estudos sobre a histeria*, é esse tipo de afeto que subsiste represado na lembrança da vivência traumática, ou em uma série de lembranças de traumas parciais, que ficam como que apartadas do Eu-consciência, atuando como agentes infiltrados e patogênicos na vida mental. A estratégia terapêutica prescrita à época, e completamente de acordo com a concepção de trauma com a qual trabalhavam, envolvia o reestabelecimento da possibilidade de escoamento da carga afetiva ligada à lembrança da vivência traumática (a catarse) e sua diluição no Eu. Na mesma época, 1894, em *As neuropsicoses de defesa*, Freud fez avançarem essas proposições, chamando de "traumático" o momento em que são necessárias defesas contra uma experiência, ideia ou sentimento incompatível com o Eu[3], porque desperta afetos dolorosos ao Eu. A esse "momento traumático" (Freud, 1894, p. 50) seguem-se outros, que ele chama de auxiliares, em que a mesma ação defensiva volta a ser necessária, como se a "formação do trauma" (Dal Molin, 2016) se estendesse temporalmente, acompanhando a existência do indivíduo.

O trauma, nesse contexto teórico, envolve mais de um momento, não está em absoluto preso a um evento, e caracteriza-se pelo esforço autodefensivo contínuo contra aquilo capaz de despertar um afeto negativo. É uma teoria sólida e ampla. Não tarda muito, porém, para que o trabalho clínico apoiado nessas ideias se depare com um problema: afetos dessa ordem são muito frequentemente despertados quando o indivíduo vivencia determinadas situações concretas ou, à guisa de precisão científica: determinadas situações reais e concretas, com mais frequência que outras, parecem dar ensejo a afetos

3 Aqui, "eu" corresponde a "pessoa" ou "consciência".

negativos quantitativamente mais intensos, responsáveis pelo acionamento de defesas psíquicas.

É o caso dos dois grupos de experiências já citados. As neuroses traumáticas, em tempos de guerra ou de paz, parecem concentrar o despertar do afeto negativo em um momento, temporalmente localizável e economicamente hiperintenso, como um acidente, uma experiência de violência, uma situação de risco à vida, na guerra ou fora dela, ou ainda, em termos freudianos, de "danos sofridos pelo Eu (ofensas narcísicas)" (Freud, 1939[1934-1938]/2018, p. 105). Os casos de abuso sexual, à sua maneira, também apresentam uma vivência de choque – de ocorrência do inesperado, portanto potencialmente disruptivo em termos econômicos – capaz de acionar defesas, mas que não tem, necessariamente, efeitos imediatos. No pensamento freudiano, essa distância temporal entre uma vivência e seus efeitos – seu tempo de incubação ou latência – é um dos aspectos que marca a ênfase na sexualidade (em seu desenvolvimento bifásico), marca uma fórmula para adoecimento neurótico, e marca também a questão da atribuição de sentido *a posteriori*. O que deriva daí, também a partir do trabalho clínico, é simultaneamente uma valorização e uma desvalorização da importância do evento. "Os traumas", Freud sintetiza no período final de sua obra, em *Moisés e o monoteísmo*, "são ou vivências sofridas no próprio corpo ou percepções sensoriais, geralmente de algo visto e ouvido; ou seja, vivências e percepções" (1939[1934-1938]/2018, p. 106). Haveria concretude, mas esta não corresponderia exatamente àquilo que ganha forma na lembrança da vivência ou da percepção. Para dizer de outra forma, para Freud o conflito primário pode ser com o mundo, mas nem sempre o é; muitas vezes criamos internamente, a partir de nossa percepção do mundo, os conflitos de que precisamos.

A teoria ferencziana sobre o trauma, por sua vez, é complexa também, mas menos rígida que aquela encontrada nos modelos freudianos, e dá ênfase ao papel determinante do meio externo enquanto responsável por experiências que merecerão o adjetivo de "traumáticas". Isso não está propriamente em desacordo, como vimos, com os modelos teóricos do trauma psíquico construídos por Freud. Mas Ferenczi cria áreas de sombra e dúvida em ao menos três regiões.

A primeira área de sombra e dúvida diz respeito à consideração de que alguns eventos podem ser traumáticos porque consistem em uma carga de estímulos que rompe a "camada protetora contra estímulos", no modelo teórico que Freud apresenta em *Além do princípio do prazer* (Freud, 1920). Ou seja, é sobre a questão econômica. A segunda região sombreada é a da temporalidade bifásica, em dois tempos, para o trauma, nos moldes da sexualidade, que envolve a noção de *a posteriori* e, junto dela, a de "tempo de incubação" ou de latência (Freud, 1939[1934-1938]/2018, p. 96). E a terceira área de sombra e dúvida, para dizer assim, concerne à classe de mecanismos de defesa acionados em resposta a essas experiências.

O ponto de vista econômico, que faz da analogia com a vesícula viva e o rompimento de sua barreira protetora contra estímulos o cerne de um dos modelos de Freud sobre o trauma, recebe, em Ferenczi, a consideração de que muitas vivências perturbadoras da economia psíquica ocorrem antes do estabelecimento de tal barreira de proteção, ou são causadas por agentes responsáveis, entre outras coisas, exatamente por essa função de paraexcitação, enquanto a barreira não está estabelecida. Ora, dito assim é fácil ver como é o trauma precoce e seus efeitos que passam a ser um dos alvos da investigação teórica e do trabalho clínico de Ferenczi, como vemos em textos como *A adaptação da família à criança* (1928), *A criança mal acolhida e sua pulsão de morte* (1929) e mesmo em várias passagens do *Diário clínico* (Ferenczi, 1932/1988). Isso não exclui a ideia de que o trauma também possa ser o resultado de um choque tardio, em consonância com o que encontramos em *Além do princípio do prazer*, mas retira a utilização exclusiva do conceito ao que é da ordem do episódico e do excessivo: o desinvestimento, o abandono e a inconstância dos objetos ao longo do tempo também podem responder pela formação de traumas.[4]

Em *A adaptação da família à criança*, Ferenczi chamará de "traumas reais" coisas bastante diferentes, como o desmame por um método "atrapalhado" (o que prejudica a forma como a criança se relaciona com seus objetos de amor e como deles obtém prazer). A visão do coito parental durante o primeiro ou segundo ano de vida (época em que a criança é capaz de se excitar com a cena, mas não tem escapes adequados para suas emoções). Também chamará de trauma real a imposição bruta e impaciente da higiene, porque a higiene envolve uma adaptação de funções fisiológicas ao convívio social e determina modelos de reação que podem ser mantidos ao longo de toda a vida.

A descoberta da sexualidade – o quarto trauma real descrito no artigo – traz um elemento central para compreender um dos pontos de preocupação de Ferenczi ao montar sua constelação sobre o trauma. Ele nos lembra de que os considerados "maus hábitos" sexuais são, na verdade, expressões do autoerotismo infantil, pulsões sexuais primitivas, logo, comportamentos que não devem ser punidos. E fala também do esclarecimento sexual, dos questionamentos da criança sobre de onde vêm os bebês. As respostas, explica, podem ser falsas ou verdadeiras – pode-se responder com a cegonha ou com a anátomo-fisiologia humana – à criança isso pouco esclarecerá. Ela reagirá com descrença: "O que a criança realmente precisa", lemos, "é uma admissão da importância erótica (sensual) dos órgãos genitais".

Como sente prazer ao tocar seus próprios genitais, a atitude dos pais ao não reconhecer o efeito da estimulação dos órgãos sexuais só pode ser lida pela criança como algo a ser duvidado e que torna o prazer que ela sente condenável. Devido ao recalque das próprias

---

4 Para uma discussão preciosa e atual sobre o que isso implica, consultar o livro de Daniel Schor (2017), *Heranças invisíveis do abandono afetivo: um estudo psicanalítico sobre as dimensões da experiência traumática*.

memórias ligadas ao autoerotismo infantil, "implicitamente esperamos a confiança delas [das crianças] enquanto negamos a validade de suas próprias experiências físicas e psíquicas". Notem como aqui já estamos frente à ideia de desmentido.

O último trauma real elencado por Ferenczi em *Adaptação da família à criança* também diz respeito à sexualidade e à confiabilidade dos objetos externos. Até determinada idade, todas as demonstrações edipianas da criança eram respondidas sem seriedade: era-lhe autorizado pensar e fazer tudo sem que fosse punida por suas intenções sexuais, que nem eram compreendidas como tais. De repente, a criança descobre que alguns comportamentos são levados a sério e punidos. Um difícil código se instala. Ele é novo e desconhecido para a criança; envolve uma inconstância daqueles que o determinam; e demanda uma adaptação a seus termos. O tudo que se podia não se pode mais. Como no desmame atrapalhado, na imposição impaciente da higiene, na proibição da ação autoerótica, que é tratada com hipocrisia, o mundo mudou e pede que a criança mude com ele. No exemplo a que Ferenczi recorre, as crianças percebem que "doçuras" (o que é prazeroso) são boas e que o treinamento (a postergação do prazer ou o desprazer) é ruim, mas seus pais dizem o exato oposto. "A criança, sendo dependente de seus pais tanto física quanto emocionalmente, tem de se adaptar a esse novo e difícil código". E o faz, ele nos dirá, identificando-se com o código dos pais, que são seus ideais – base do Supereu. Identificando-se também, portanto, com uma autoridade potencialmente punitiva, muitas vezes brutal. Sim, vocês entenderam bem – a noção de identificação com o agressor já está aqui com um braço, duas pernas e parte do tronco prontas.

O conflito entre o Eu e o mundo externo passa a acontecer internamente, entre o Eu e o Supereu. O processo em si, de introjeção, não é o problema, como não são, em si mesmas, nenhuma das experiências que Ferenczi chamou de "traumas reais". O que torna processos comuns ao desenvolvimento de toda criança, patológicos, o que lhes acrescenta o adjetivo de traumáticos, é a relação com objetos que mantêm certas características.

Mas isso ainda não é tudo quando acompanhamos o tratamento que Ferenczi dá ao conceito de trauma.

Se por um lado ele identifica a ocorrência de traumas precoces, que questionam o modelo freudiano de 1920, por outro lado ele toma o aspecto econômico do trauma como paradigma da forma por meio da qual o psiquismo lida com todo tipo de estímulo (Ferenczi, 1930-1932; Dal Molin, 2012; Dal Molin 2016; Gondar, 2017a). Os momentos de rompimento da barreira protetora contra estímulos e o que neles é gerado serviriam, enquanto exemplo limite, para compreender a própria natureza da percepção, da ligação e da transformação de impressões sensórias, quando possível, por meio da repetição, em representações psíquicas (Dal Molin, 2012; Gondar, 2017a). Vemos isso claramente em uma nota que Ferenczi escreve no começo dos anos 1930, um resumo para um congresso internacional. Ele argumenta nesse resumo que o trabalho onírico é um trabalho também de traumatofilia, de ligação dos restos traumáticos do dia e da vida. E que isso vale para os sonhos traumáticos e para os sonhos de noites bem dormidas. Ou seja: o que vale para o trauma valeria também para a vida.

A expressão "formação do trauma" (Dal Molin, 2016), ou "processo de formação do trauma", a meu ver, é apropriada para a complexidade que o fenômeno pode adquirir, e salienta ainda mais as outras duas áreas de sombra que Ferenczi cria nos modelos freudianos. Vemos o psicanalista húngaro reordenar especialmente o eixo da temporalidade e modo próprios de encadeamento do trauma. No modelo do Ferenczi tardio, que envolve as notas e fragmentos, confusão de línguas e o diário clínico (1930-1932; 1933; 1932/1988), o trauma também pode ser formado em dois momentos, o que ele chama de "duplo choque" (1932/1988, p. 182), mas esses não são iguais àqueles discutidos por Freud. No primeiro tempo, estaria em jogo algo da ordem de um trauma mecânico, ou seja, uma vivência que toma o sujeito despreparado, seja porque confiava no meio e este trai sua confiança, seja porque a estimulação ultrapassa a capacidade individual de contenção. O termo "choque", nesse contexto, é preciso na descrição do fenômeno e, para o autor, corresponde "à aniquilação do sentimento de si, da capacidade de resistir, agir e pensar com vistas à defesa de si mesmo" (Ferenczi, 1930-1932, p. 253). O segundo tempo no modelo ferencziano do trauma também consistiria em um choque, mas de ordem diversa, tributária de um mecanismo específico, o desmentido (ou descrédito, ou ainda, não reconhecimento) que vimos anunciado há pouco. Essa segunda área de sombra diz respeito, na verdade, a uma cena com vários personagens e envolve a invalidação, por uma figura de confiança, da experiência (perceptiva, afetiva e relacional) do primeiro choque. Esse é um dos pontos de concordância e de divergência entre os leitores de Ferenczi, como Pinheiro, 1995; Bokanowski, 2005; Mészáros, 2011; Gondar, 2017b; Dal Molin, 2016, 2017; Kupermann, 2019. No paradigma das situações de abuso sexual, que Ferenczi (1933) seleciona, devido à importância clínica, para expor aquilo que identifica na formação de um trauma, um segundo adulto, que não o agressor, diz à criança que nada ocorreu quando do primeiro choque, ou que este não consistiu, na verdade, em nada de mais.

Note-se que o mecanismo pressupõe a ação do meio, das figuras que o compõem agindo ou deixando de agir em determinada direção. O desmentido ferencziano é uma cena completa, intersubjetiva, e do tipo que nada organiza e que nada estrutura. Ainda a reforçar essa noção de trauma que não se resume a um momento, Jô Gondar, em um texto que se tornou referência para uma leitura contemporânea de Ferenczi, *Ferenczi como pensador político*, afirma que, em Ferenczi, o desmentido não incide sobre o evento, mas sobre o sujeito; e também o reconhecimento negado não incide sobre um evento, mas sobre "o fato de que ele [o trauma] possa se dar [...]

reconhecimento é, em primeiro lugar, o reconhecimento da vulnerabilidade de um sujeito" (Gondar, 2012, p. 202), antes mesmo do ato violento.[5] O desmentido, enquanto não reconhecimento e ausência de validação, constitui o ponto mais agudo do processo de traumatização em Ferenczi, o "abandono traumático", para usar uma feliz expressão do Daniel Kupermann (2008, p. 153). É este ponto, "estar sozinho" (Ferenczi, 1932/1988, p. 201), que, devido à "agonia psíquica e física" (Ferenczi, 1931, p. 90), conduz à cisão. Paralelamente, outra forma de defesa é acionada, a identificação com o agressor (Ferenczi, 1933), que consiste em um exercício radical de abertura e adaptação aos objetos externos responsáveis tanto pelo primeiro quanto pelo segundo choques, na tentativa de antever seus movimentos e não mais padecer deles. Para cada choque, uma cisão. Ferenczi chega a falar em fragmentação e mesmo em atomização do psiquismo, em casos de choques repetidos. E vai além: fala de partes do psiquismo que morrem para que outras partes possam sobreviver; e afirma que as partes que sobrevivem amadurecem antes da hora, rápido demais. Ele chama a isso de progressão traumática. Pode-se mesmo dizer, como fazem Luís Claudio Figueiredo e Nelson Coelho Junior (2018), que a posição de Ferenczi inaugura uma matriz de adoecimento psíquico diferente daquela descrita por Freud, e que tanto as defesas quanto aquilo contra o qual elas são erigidas muitas vezes diferem nos dois autores.[6] Mas há outras consequências a considerar aqui e eu queria

---

5 Não pretendo abarcar nesse espaço todos os aspectos envolvidos na formulação da autora, mas usar a formulação na composição do que imagino ser o roteiro da pesquisa proposta aqui.

6 Muitas vezes porque a identificação de uma matriz ferencziana de adoecimento psíquico, e de uma estratégia de tratamento adaptada a tal modalidade de adoecimento, é, em Ferenczi, sobreposta às formas de adoecimento devido ao sucesso de defesas ativas, que Figueiredo e Coelho Junior identificam em uma matriz freudo-kleiniana. Ambas as defesas, as por ativação e aquelas por passivação, comparecem na obra do autor húngaro.

indicá-las para que nossa constelação não fique mais fragmentada do que faria sentido hoje.

Primeira consequência: o que Ferenczi está descrevendo é um teste ou prova de realidade intersubjetivo. Vocês se lembram de que para Freud o teste ou prova de realidade é descrito de algumas formas, uma delas envolvendo o processo de discriminação entre as excitações externas e as internas, entre a coisa e a representação da coisa, por meio de uma exploração motora. Isso de que eu me lembro ou que estou vendo existe porque estou vendo ou tocando novamente agora. É um processo intrapsíquico de confirmação. Ferenczi faz da realidade, ou melhor, da apreensão da realidade, um exercício de consulta, troca ou exposição a uma ou mais figuras de confiança. Dito de outro modo, nós só acreditamos que aquilo que vemos, ouvimos, pensamos ou sentimos é verdade se tivermos à mão alguém que valide cada uma dessas experiências (perceptivas, intelectuais, emocionais). Ou, ao menos, alguém que as valide no início de nossa vida.

Segunda consequência, ligada à primeira: o resultado do aprofundamento e da ampliação efetuados pelo húngaro na descrição e na compreensão teórico-clínica do trauma psíquico leva à constatação do potencial do objeto externo, durante o processo de formação traumática, de reconhecer a expressão do sofrimento gerado pelo primeiro choque, dar-lhe espaço comunicacional e favorecer as tentativas de ligação (Dal Molin, 2016, 2017). No artigo *Análise de crianças com adultos*, Ferenczi diz claramente: “Tem-se mesmo a impressão de que esses choques graves são superados, sem amnésia nem sequelas neuróticas, se a mãe estiver presente, com toda sua compreensão, sua ternura e, o que é mais raro, uma total sinceridade” (p. 91). É de um otimismo que beira o absurdo.

Mesmo após o desfecho do processo de formação do trauma, no modelo ferencziano, ainda caberia ao objeto externo (eventualmente no papel de analista) permitir a apresentação plástica e cênica do sofrimento, muitas vezes pela primeira vez, e auxiliar no trabalho de simbolização, atribuição de sentido e responsabilização. Responsabilização porque, reparem, alguém precisaria sentir culpa e, em geral, a criança é o lado mais fraco nessas disputas.

A rigor, a ideia de cena é tão marcante na clínica que Ferenczi a menciona explicitamente ainda em 1919, no contexto da apresentação dos "sintomas transitórios" em um artigo sobre a técnica psicanalítica; ele escreve sobre casos raros em que pacientes "vão pôr em cena seus conteúdos psíquicos", vão executar "às vezes de modo inteiramente consciente, ações complexas, cenas inteiras de cuja natureza transferencial e repetitiva nem de leve suspeitam" (Ferenczi, 1919[1918]/1992, p. 411-412).

Podemos dizer que os casos raros de 1919 se tornam uma manhã ensolarada de sábado pouco depois: tudo que passa a importar é a encenação, no sentido da experiência afetiva reencenada de forma contrastante, transformadora. É a cena repetida, o sonho repetido, que marca o trabalho.

Ao fazer do trauma psíquico o foco de suas preocupações, Ferenczi tensiona o conceito em direções que explicitam os aspectos intersubjetivos daquilo que constituiria esse, digamos assim, "objeto". E termina por descrever o processo traumático como *dinâmico, inserido em um contexto em que agem várias personagens, capazes de se afetarem mutuamente e de reconhecerem ou confrontarem as expressões de sofrimento dramatizadas umas pelas outras*. Vejamos brevemente, para fins de comparação, outros casos de uso da noção de trauma em psicanálise. Gostaria de chamar a atenção de vocês ao fato de que, em cada um desses casos, a "constelação ilumina o lado específico do objeto, o lado pelo qual o processo de classificar é ou um assunto de indiferença ou um fardo" (Adorno, 2007, p. 162).

Em Winnicott (1965/1989), por exemplo, o conceito de trauma é utilizado para descrever coisas diferentes, mas que podem ser subsumidas em duas postulações gerais: 1. O "trauma é uma falha relativa à dependência" (p. 145); e 2. "Trauma é aquilo que desfaz uma idealização de um objeto pelo ódio do indivíduo, reativo à falha do objeto em desempenhar sua função" (Winnicott, 1965/1989, p. 145). O contexto teórico de ambas as postulações é o seguinte: se tudo corre suficientemente bem no início da vida somatopsíquica, o objeto/ambiente adapta-se plenamente às necessidades do bebê, e, mais tarde, paulatinamente e em consonância com o aumento das capacidades do bebê, desadapta-se, de modo que as falhas (os desajustes do meio) não são experimentadas como quebras de confiança ou descontinuidades na experiência de ser. Tomada essa premissa, uma das possibilidades de trauma ocorre quando, após uma primeira experiência de confiabilidade (previsibilidade), torna-se necessário ao bebê "reagir à insegurança [*unreliability*] no processo de cuidado" (Winnicott, 1963/2007, p. 97) por meio de uma ruptura do *self* e do "continuar a ser", o que gera um ódio reativo – um ataque ao ambiente na esperança de que este volte a sustentar a existência (Fulgêncio, 2004). Nesse uso, recorre-se ao conceito de trauma para nomear tanto uma situação ou conjunto de situações com dinâmica específica (de falha ambiental), quanto para caracterizar uma modalidade de reação a tal dinâmica, caso do ódio reativo contra um objeto idealizado. A noção de trauma envolve, para Winnicott, e também para Balint, que usa o mesmo termo, a própria experiência de falha, que é sinal de mudança abrupta em um estado de coisas, e a reação psíquica a tal mudança. Há diferenças na posição dos dois, mas ambos recorrem ao mesmo termo, "falha", para discutir o campo dos traumas precoces, que Ferenczi "lavou a baciadas" no final dos anos 1920.

Um terceiro e ilustrativo exemplo de uso da noção de trauma está em Roger Money-Kyrle (1977). Sua premissa é a de que o padrão mais básico de uma análise, ligado à transferência e à compulsão à repetição, diz respeito às defesas usadas "contra a descoberta de que, na fantasia inconsciente, ele [o paciente] destruiu as coisas que amava" (1977, p. 4). Nesse contexto teórico, afirma, "a morte de um pai (ou mãe) na fantasia inconsciente é um evento traumático" (Money-Kyrle, 1977, p. 4), embora a coisa assassinada não seja exatamente um pai ou uma mãe, mas um objeto parcial que pode ser sentido como estando fora ou dentro do *self*. O ponto fundamental para Money-Kyrle, aquilo que faz dessa fantasia um "evento traumático", em sua opinião, está na ambivalência em relação ao alvo da ação, e no fato de que a dor decorrente da fantasia torna-se tão intensa que, diz ele, "defesas enormes são erigidas contra esse conhecimento – a mais básica sendo a destruição da capacidade de lembrar e de pensar (Bion)" (1977, p. 5). No caso, é interessante notar, o trauma aparece como um processo cuja formação acontece exclusivamente no âmbito interno, a partir da existência de sentimentos opostos dirigidos ao mesmo objeto (parcial ou total, parte ou não do *self*); um "evento" intrapsíquico contra o qual seria necessário defender-se.

Se estivéssemos em um interrogatório, ou, como gostam de dizer as crianças, à beira de um precipício e tendo de liberar uma das mãos, se nosso algoz policial ou infantil demandasse que sintetizássemos essas variações de uso do conceito de trauma, caberia recorrer não a um psicanalista, mas ao historiador Paul Veyne (1995), e brincar com sua afirmação de que "o fato nada é sem sua trama". O que também vemos ao acompanhar como esses autores pensam sobre o trauma é que "o fato não encerra a feitura da trama" (como em Ferenczi, em Winnicott), e que "a trama muito pode ser, sem a ocorrência do fato" (como em certa altura da obra de Freud e em Money-Kyrle). O uso do conceito de trauma parece longe de estar pacificado.

Uma das perguntas interessantes, quando acompanhamos essas ideias, diz respeito ao que o conceito de "trauma" é capaz de operar, e o que ele gera ou busca contemplar nas teorias psicanalíticas e noutras, que afirmam a ela se opor, mesmo quando não o fazem integralmente. O crítico de arte Morris Weitz (1956), apoiando-se no pensamento de Wittgenstein, encontrou uma boa forma de apresentar um problema semelhante, mas, no caso, dirigido às tentativas de definir o que é a arte. Seu argumento é o de que a pergunta teórica inicial não deveria ser "o que é arte?", mas "que tipo de conceito é 'arte'?", ou ainda, "o que este conceito faz na linguagem?". Todas as conceituações soçobram, a seu ver, ao buscarem estabelecer, de modo muito estrito ou muito amplo, as propriedades do que seria "arte". Pode-se encontrar no máximo "fios de similaridade" (p. 31) entre aquilo que chamamos de "arte", mas não propriedades comuns. Alguns conceitos compartilhariam do que chamamos de "textura aberta", não permitindo uma definição fechada e, por efeito, uma circunscrição certeira de quando o conceito poderá ser aplicado. Como alternativa, Weitz propõe a ideia de "conceito aberto".[7]

Vamos ver como essa abertura do conceito de trauma se agita fora da psicanálise.

## Constelações

Nesse campo de agitação, uma de tipo coletivo, de pesquisa e diálogo, foi realizado no final dos anos 1990, sob a coordenação de Jeffrey C. Alexander, professor de sociologia em Yale, e Neil J. Smelser, então diretor do *Center for Advanced Studies in the Behavioral Sciences* da Universidade da Califórnia, em Berkeley. As reuniões culminaram na proposição da ideia de "trauma cultural" e na tentativa de desenvolvê-la em profundidade (Alexander,

7 "Um conceito é aberto", ele nos diz, "se as condições de sua aplicação são emendáveis ou corrigíveis; i.e., caso se possa imaginar ou acordar sobre uma situação ou caso que pediria algum tipo de *decisão* de nossa parte quanto a estender o uso do conceito para alcançá-la, ou fechar o conceito e inventar um novo para lidar com o novo caso e sua nova propriedade. Se condições necessárias e suficientes para a aplicação do conceito podem ser estabelecidas, o conceito é fechado. Mas isso só pode acontecer na lógica e na matemática, onde conceitos são construídos e definidos completamente. Não pode ocorrer com conceitos empírico-descritivos e normativos, a não ser que arbitrariamente os fechemos estipulando o alcance de seus usos" (Weitz, 1956, p. 31).

2004a). Nos anos que se seguiram aos encontros do grupo, o conceito de trauma cultural passou a ser usado sistematicamente pelos participantes das discussões (Eyerman, 2001; Eyerman; Alexander; Butler Breese, 2011; Alexander, 2012; Giesen, 2014; Sztompka, 2000) para pensar temas como a escravização, o holocausto e a queda do regime soviético nos países do Leste Europeu.

No livro gerado a partir dos encontros dos anos 1990, lemos que um trauma cultural ocorreria "quando membros de uma coletividade sentem que foram submetidos a um evento horrendo que deixa marcas indeléveis em sua consciência de grupo, marcando para sempre suas memórias e mudando de modo fundamental e irrevogável suas identidades futuras" (Alexander, 2004b, p. 1). O elemento central dessa definição não é o "evento" e nem seus efeitos diretos, mas o sentimento de ter sido sujeitado a algo negativo, e como esse sentimento marca a memória de determinado grupo a ponto de servir como cunha de sua identidade coletiva. Um trauma, argumenta Alexander (2004b), "não é algo que existe naturalmente; é algo construído pela sociedade" (p. 2) por meio de agentes e instrumentos da, e na, cultura. Estes podem inclusive inventar as formas de encontro, codificação e produção que os interessa em um dado contexto (Wagner, 1981/2020).

Os termos escolhidos por Alexander para demarcar a relação de um evento com um trauma e como este afeta a identidade não são, porém, inteiramente compartilhados por seus colegas de diálogo do fim dos anos 1990. Smelser (2004), por exemplo, quase sobrepõe as noções de "trauma cultural" e "trauma coletivo", destacando, com justiça, como a questão da marca à identidade coletiva estaria presente em ambas. O "trauma coletivo", vocês sabem, foi descrito por Kai Erikson (1976) como "um golpe nos tecidos sociais básicos da vida social, que danifica os laços unindo as pessoas e prejudica o senso de comunalidade prevalente" (Erikson, 1976, p. 153), o que é, de fato, muito próximo do que o conceito de "trauma cultural" poderia querer abarcar, salvo por um aspecto que parece central para Alexander e que, a meu ver, aproxima a constelação teórica que ele propõe daquela que encontramos em Freud (em certos momentos) e muito em Ferenczi. O aspecto é o seguinte: também há na noção de "trauma coletivo" uma ligação direta entre evento e trauma – pensemos no uso da palavra "golpe", e em seu caráter episódico –, exatamente o que a noção de "trauma cultural" poderia ajudar a desconstruir. O argumento produzido nos encontros do final dos anos 1990 é o de que "eventos não criam, em e por si mesmos, traumas coletivos. Eventos não são inerentemente traumáticos. O trauma é uma atribuição socialmente mediada" (Alexander, 2004b, p. 8).

Nesse sentido, a perspectiva indicada com o conceito de trauma cultural se opõe ao que Alexander chama de uma falácia naturalista sobre a ligação imediata evento-trauma – da qual, acredita, a psicanálise peca tanto quanto o entendimento leigo – e implica a ideia de que o *status* de "trauma" atingido por determinado evento é sempre o resultado de um processo de atribuição de sentido que, diz ele, "pode ser feita em tempo real, enquanto o evento se desenrola; pode ser feita antes que o evento ocorra, como um adumbrar, ou depois que o evento ocorreu, como uma construção *post-hoc*" (Alexander, 2004b, p. 8). O fundamento da discussão proposta pelo professor de Yale e seus colegas está em como se monta a organização narrativa a respeito do trauma – o modo pelo qual se ocupa a "lacuna entre evento e representação" (2004b, p. 11) – por aqueles que agem no sentido de transformar o sofrimento em reivindicação ou clamor (*claim*). Como, podemos dizer, se codifica e se narra um sofrimento. A reivindicação é feita por um ou mais porta-vozes que carregam as "representações simbólicas – caracterizações – de contínuos eventos sociais" experimentados pelo grupo "sobre a forma da realidade social, suas causas e responsabilidades pela ação que tais causas implicam" (2004b, p. 11). O porta-voz tem o objetivo de "projetar persuasivamente o clamor do trauma para a audiência-público" e, ao fazê-lo, "usa das particularidades da situação histórica, dos recursos simbólicos à mão, e dos constrangimentos e oportunidades oferecidas por estruturas institucionais" (2004b, p. 12).[8] Caso se leve adiante essa perspectiva, o trauma perde realidade ontológica, deixa integralmente de estar soldado a um evento, e transforma-se no resultado de um "processo", de uma construção. O adjetivo de "traumático" caberia, por efeito, "a fenômenos reais ou imaginados, não devido à sua real nocividade ou objetiva brusquidão, mas porque esses fenômenos são creditados como tendo afetado abruptamente, e de modo nocivo, a identidade coletiva" (Alexander, 2004b, p. 10). É a dinâmica criadora de experiências – de validação e construção conjunta de experiências – que importa aqui.

Ao discutir a maneira como grupos sociais reagem ao sofrimento de outros grupos, Alexander chama nossa atenção ao fato de que os grupos podem "se recusar a reconhecer a existência do trauma do outro". E prossegue:

> *Negando a realidade do sofrimento dos outros, as pessoas não só tornam mais difusa sua própria responsabilidade pelo sofrimento, mas frequentemente projetam a responsabilidade por seu próprio sofrimento nesses outros. Noutras palavras, negando-se a participar do [...] processo de criação do trauma, grupos sociais restringem solidariedade, deixando outros sofrerem sozinhos (Alexander, 2004a, p. 1).*

O terror mesmo é estar só. Vocês já perceberam para onde estamos indo. A observação de Alexander, embora não recorra à teoria psicanalítica, descortina algumas das prováveis motivações para o desmentido no plano social, e, ao mesmo tempo, oferece um vislumbre do que pode estar envolvido no processo intersubjetivo gerador

8 Uma interessante discussão sobre esse aspecto da formação de traumas culturais na realidade brasileira pode ser encontrada em Patrícia Bandeira de Melo (2010).

(ou potencializador) de traumas psíquicos individuais e mesmo de traumas coletivos. Faltaria a ela, se pensarmos em termos psicanalíticos, considerar a negação da realidade do sofrimento do outro como determinante fundamental, ou mesmo como componente, do "processo de criação do trauma". Mas Alexander não leu Ferenczi.

Ambos, trauma cultural e trauma psíquico, podem ser pensados como o resultado de um processo (logo, inserido no tempo) cujos determinantes não se restringem à materialidade de um evento, mas formam uma trama que, teoricamente, enquadra modalidades diferentes de sofrimento e de atribuição de sentido. Gostaria de repetir isso mais uma vez: o trauma pode ser pensado como um processo que codifica e narra, e "constrói e performa" (Alexander, 2004a) o sofrimento intrapsíquica e intersubjetivamente, reencenando-o. Não é o caso, porém, de avançar mais na direção de uma definição; definir encerra, e não é isso que precisamos. Nem pretendo cair no erro de argumentar que haveria uma sobreposição de teorias aqui – no máximo, estamos vendo duas constelações que dividem alguns planetas entre si.

No congresso de psicanalistas de língua francesa em 2020, Eva Weil (2020/2021) apresentou um relatório sobre o trauma e recorreu à expressão "locais do traumático", referindo-se a estes como "o nó coletivo individual". Poucos anos antes, em 2015, em uma conferência em Milão, René Kaës chamou atenção para como um dos mais importantes elementos curativos após o trauma é que ele seja alvo, no coletivo, de diferentes versões, elaboradas "por um sujeito ou por um pequeno grupo de sujeitos que assumem a função, ao mesmo tempo de porta-voz, de megafone, de historiador e poeta" (Kaës apud Weil, 2020/2021, p. 41). É como se estivéssemos, ao ouvir uma afirmação nesses termos, em um espaço intermediário em que podem circular as teorias psicanalíticas sobre o trauma e uma teoria construtivista a respeito do "trauma cultural". É como se pudéssemos, junto à abertura do conceito, entrever a abertura teórica, e também clínica, que ele é capaz de operar. É como se pudéssemos, com cuidado, é claro, passar de uma constelação a outra.

Quem diz Ferenczi, diz trauma. Mas veja lá o tanto de coisas que isso pode querer dizer. De minha parte, acho que o importante mesmo é poder parar para olhar e, nesse momento, ver as ideias como que em desassossego, brilhando no céu.

## *Referências*


Adorno, T. W. (2007). *Negative dialectics.* Continuum.

Alexander, J. C. (2004a). Preface. In J. C. Alexander et al., *Cultural trauma and collective identity* (pp. 7-9). Un. of California Press.

Alexander, J. C. (2004b). Toward a theory of cultural trauma. In J. C. Alexander et al., *Cultural trauma and collective identity* (pp. 1-30). Un. of California Press.

Alexander, J. C. (2012). *Trauma. A social theory*. Polity.

Balint, M. (1969). Trauma and object relationship. *International Journal of Psychoanalysis, 50*(4), 429-435.

Benjamin, W. (2011). *Origem do drama trágico alemão.* Autêntica.

Bokanowski, T. (2005). Le concept de trauma chez S. Ferenczi. In F. Brette; M. Emmanuelli; G. Pragier (Dirs.). *Monographies de psychanalyse de la Revue Française de psychanalyse – Le traumatisme psychique: Organization e désorganisation* (pp. 27-42). PUF.

Brabant, E.; Falzeder, E. (Eds.). (2000). *The correspondence of Sigmund Freud and Sándor Ferenczi, Volume III, 1920-1933*. The Belknap Press of Harvard University Press.

Dal Molin, E. C. (2016). *O terceiro tempo do trauma: Freud, Ferenczi e o desenho de um conceito.* Perspectiva.

Dal Molin, E. C. (2017). Trauma, silêncio e comunicação. In: C. P. França (Org.), *Ecos do silêncio: reverberações do traumatismo sexual* (pp. 63-86). Blucher.

Dal Molin, E. C. (2024). Trauma: open concept. *The American Journal of Psychoanal, 84*, 79-93. https://doi.org/10.1057/s11231-024-09442-0

Erikson, K. (1976). *Everything in its path*. Simon and Schuster.

Eyerman, R. (2001). *Cultural trauma: slavery and the formation of African American Identity*. Cambridge University Press.

Eyerman, R., Alexander, J. C., Breese, E. B. (Ed.). (2011). *Narrating trauma:* on the impact of collective suffering. Paradigm Publishers.

Ferenczi, S. (1929). *A criança mal acolhida e sua pulsão de morte*. Tradução de A. Cabral. In S. Ferenczi, *Obras completas – Psicanálise* (Vol. 4, pp. 55-60). Martins Fontes. (Trabalho original publicado em 1929).

Ferenczi, S. (1992). *A técnica psicanalítica*. In S. Ferenczi, *Obras completas – Psicanálise* (Vol. 2). Martins Fontes. (Trabalho original publicado em 1918).

Ferenczi, S. (2002). Confusion of tongues between adults and the child: the language of tenderness and of passion. In: M. Balint, *Final contributions to the problems and methods of psycho-analysis* (pp. 156-167). Karnac. (Trabalho original publicado em 1933).

Ferenczi, S. (2002). Notes and fragments. In M. Balint, *Final contributions to the problems and methods of psycho-analysis* (pp. 216-279). Karnac. (Trabalho original publicado em 1930-1932).

Ferenczi, S. (2011). *A adaptação da família à criança*. Tradução de A. Cabral. In S. Ferenczi, *Obras completas – Psicanálise* (Vol. 4, pp. 1-16). Martins Fontes. (Trabalho original publicado em 1928).

Ferenczi, S. (2011). *Análise de crianças com adultos*. Tradução de A. Cabral. Martins Fontes. In S. Ferenczi, *Obras completas – Psicanálise* (Vol. 4, pp. 79-95). Martins Fontes. (Trabalho original publicado em 1931).

Figueiredo, L. C.; Coelho Junior, N. E. (2018). *Adoecimentos psíquicos e estratégias de cura. Matrizes e modelos em psicanálise*. Blucher.

Freud, S. (1894). *The neuro-psychoses of defence*. Hogarth. (Standard Edition, 3).

Freud, S. (1895). *Project for a scientific psychology*. Hogarth. (Standard Edition, 1).

Freud, S. (1896a). *Heredity and the aetiology of the neuroses*. Hogarth. (Standard Edition, 3).

Freud, S. (1896b). *Further remarks on the neuro-psychoses of defence*. Hogarth. (Standard Edition, 3).

Freud, S. (1896b). *The aetiology of hysteria*. Hogarth. (Standard Edition, 3).

Freud, S. (1918). *Introduction to psycho-analysis and the war neuroses*. Hogarth. (Standard Edition, 17).

Freud, S. (1920). *Beyond the pleasure principle*. Hogarth. (Standard Edition, 18).

Freud, S. (2018). *Moisés e o monoteísmo: três ensaios*. In S. Freud, Obras completas (Vol. 19). Companhia das Letras. (Trabalho original publicado em (1939[1934-1938]).

Freud, S.; Breuer J. (1893-1895). *Studies on hysteria*. Hogarth. (Standard Edition, 2).

Fulgêncio, L. (2004). A noção de trauma em Freud e Winnicott. [The notion of trauma in Freud and Winnicott]. *Natureza Humana*, *6*(2), p. 255-270. Retrieved 12th April 2021. http://pepsic.bvsalud.org/scielo.php?script=sci_arttext&pid=S1517-24302004000200003&lng=pt&tlng=pt

Giesen, B. (2014). Cultural trauma and religious identity. *Oxford handbooks online*. https://is.muni.cz/el/fss/jaro2013/SOC564/um/41746051/brno_2_-_cultural_trauma_and_religious_identity.pdf

Gondar, J. (2012). Ferenczi como pensador político. *Cadernos de Psicanálise-CPRJ, 34*(27), 193-210.

Gondar, J. (2017a). Ferenczi e o sonho. In: E. S. Reis, J. Gondar, *Com Ferenczi: clínica, subjetivação, política* (pp. 65-77). 7 Letras.

Gondar, J. (2017b). O desmentido e a zona cinzenta. In: E. S. Reis; J. Gondar, *Com Ferenczi:* clínica, subjetivação, política (pp. 89-100). 7 Letras.

J. Dupont (Ed.). (1988). *The clinical diary of Sándor Ferenczi*. Tradução de M. Balint e N. Z. Jackson. Harvard University Press. (Trabalho original publicado em 1932).

Janin, C. (2004). *Figures et destins du traumatisme*. Presses Universitaires de France.

Janin, C. (2005). Au coeur de la théorie psychanalytique: le traumatisme. In: F. Brette, M. Emmanuelli, G. Pragier (Dirs.), *Monographies de psychanalyse de la Revue Française de psychanalyse – le traumatisme psychique: organization e désorganisation* (pp. 43-56). PUF.

Knobloch, F. (1998). *O tempo do traumático*. Educ, Fapesp.

Kupermann, D. (2008). *Presença sensível: cuidado e criação na clínica psicanalítica*. Civilização Brasileira.

Kupermann, D. (2019). *Por que Ferenczi?* Zagodoni.

Laplanche, J. (2006). *Problématiques VI: l'aprés-coup*. PUF.

Masson, J. M. (Ed.). (1985). *The Complete Letters of Sigmund Freud to Wilhelm Fliess 1887-1904*. The Belknap Press of Harvard University Press.

Melo, P. B. (2010). *Histórias que a mídia conta: o discurso sobre o crime violento e o trauma cultural do medo*. (Tese de doutorado). Universidade Federal de Pernambuco. http://repositorio.ufpe.br/bitstream/handle/123456789/9519/arquivo439_1.pdf?sequence=1&isAllowed=y

Money-Kyrle, R. (2014). On being a psychoanalyst. In R. Money-Kyrle, *Man's Picture of his world and three papers* (p. 1-10). Karnac. (Trabalho original publicado em 1977).

Pinheiro, T. (1995). *Ferenczi*: do grito à palavra. Jorge Zahar e UFRJ.

Schor, D. (2017). *Heranças invisíveis do abandono afetivo: um estudo psicanalítico sobre as dimensões da experiência traumática*. Blucher.

Smelser, N. J. (2004). Psychological trauma and cultural trauma. In: C. Jeffrey et al., *Cultural trauma and collective identity* (p. 31-59). Un. of California Press.

Sztompka, P. (2000). Cultural trauma: the other face of social change. *European Journal of Social Theory*, 3(4), 449-466. https://doi.org/10.1177/136843100003004004

Uchitel, M. (2004). *Neurose traumática: uma revisão crítica do conceito de trauma*. Casa do Psicólogo.

Veyne, P. M. (1995). *Como se escreve a história: Foucault revoluciona a história*. 3. ed. Ed. Unb.

Wagner, R. (2020). *The invention of culture*. The University of Chicago Press. (Trabalho original publicado em 1981).

Weil, E. (2021). Lieux du traumatique, le génocide: Le nouage collectif-individuel [Places of the traumatic, genocide: The collective-individual knot]. Rapport 81ème Congrès des Psychanalystes de Langue. *Revue Française de Psychanalyse*, 85(5), 1095-1147.

Weitz, M. (1956). The Role of Theory in Aesthetics. *The Journal of Aesthetics and Art Criticism*, 15(1), 27-35.

Winnicott, D. W. (1989). The concept of trauma in relation to the development of the individual within the family. In C. Winnicott, R. Shepherd, M. Davis (Eds.), *Psycho-analytic explorations* p. 130-148. Karnac. (Trabalho original publicado em 1965).

Winnicott, D. W. (2007). *Morals and education. The maturational processes and the facilitating environment: Studies in the theory of emotional development* (p. 93-105). Karnac. (Trabalho original publicado em 1963).

# 7. Intertextualidade e parasitismo em psicanálise: consequências para a formação do analista

*Luís Claudio Figueiredo*

## *Retomando noções: intertextualidade e parasitismo no plano da cultura e no campo da psicanálise*

No sexto capítulo de *Palavras Cruzadas* e no novo capítulo do livro incluído na segunda edição lançada na Conferência Internacional Sándor Ferenczi (Figueiredo, 2024), baseado no crítico literário e da cultura J. Hillis Miller (1995), trabalho com a ideia de "intertextualidade": com ela se alude a como os textos se conectam e produzem efeitos uns nos outros, textos que se enlaçam com outros textos, neles se apoiam e se abrigam, mas também os deformam e destroem e, paradoxalmente, os conservam e prolongam suas vidas. A intertextualidade é complexa e contraditória.

É claro que poderíamos aqui falar em "contexto dialógico". No entanto, seguiremos Hillis-Miller falando em "parasitismo": efetivamente se trata de ver como os textos se alimentam uns dos outros em um campo em que tanto se verifica cooperação e mútua inspiração, como também conflito e mútuas ameaças, deformações, "mal-entendidos" etc. Isso muitas vezes está bem oculto, camuflado e reprimido até mesmo para seus autores, que nem sempre se dão conta de quanto devem a outros e quanto destroem e deformam os outros textos de que se alimentam e a que dão sobrevida.

O parasitismo pode ocorrer na forma de imitação – o que gera uma experiência ridiculamente triste; mas o parasitismo pode se dar também em uma forma criativa e alegre em que impera uma "lógica da suplementaridade", sendo que o suplemento dá um outro destino e sentido ao material de que se alimentou.

Hillis-Miller formula a lógica da suplementaridade com as seguintes palavras: "não só, mas ao invés disso". Afirma-se e, sem desmentir a afirmação, acrescenta-se uma adversativa que leva o sentido para outro lado. Minha ideia é que esse é exatamente o modo de os grandes autores da psicanálise se relacionarem: não só Freud, mas ao invés dele Ferenczi, e assim por diante.

Na complexa dinâmica que se instaura no campo sobressaem os "usos abusivos" de textos alheios. Os grandes e mais originais pensadores da psicanálise se leem (embora nem sempre confessem), alimentam-se uns dos outros, mas fazem uns aos outros suplementações criativas. No entanto, não podemos ignorar as vicissitudes do parasitismo criativo e seus riscos, vale dizer, os estragos que muitas vezes produzem na compreensão do que leram, citam, transmitem...

Antes de tratar deles, contudo, vamos aproximar os usos abusivos de textos e outros objetos da cultura ao *Manifesto Antropófago* de Oswald de Andrade (Andrade, 1928). Não se fala aí em parasitismo, mas – e aqui a influência do Freud de *Totem e Tabu* é evidente – em *canibalismo*. É preciso deglutir a cultura europeia para digeri-la na forma de uma cultura brasileira livre, alegre e "abusada", nesse outro sentido da palavra. De toda forma, usos abusivos e suplementos criativos estão presentes nesse texto de Oswald, um manifesto a favor da criatividade nativa, autóctone, indígena.

As relações entre Freud e Ferenczi, conforme fui examinando na leitura de suas obras e de sua correspondência seguem realmente este programa antropófago (Figueiredo, 2024). O exame acurado das relações, por exemplo, entre um texto de Ferenczi de 1913 (Ferenczi, 1991b) e texto de Freud de 1911 (Freud, 2010a), e entre o texto de Ferenczi de 1926 (Ferenczi, 1991c) e outro de Freud de 1925 (Freud, 2011) nos dá evidências incontestáveis desse parasitismo: nos dois casos encontramos apoio, uma "proposta de complementação" e um resultado que, ao suplementar, vai além e dá outro rumo à teorização. Na direção inversa, vemos Freud (Freud, 2010b) apoiando-se e fazendo um "uso abusivo" de textos de Ferenczi (Ferenczi, 1991a). Essa também é a dinâmica das relações dos psicanalistas criativos entre si.

Décio Gurfinkel (2024), no texto "O uso Bollas do objeto Winnicott", publicado no livro *Por que Bollas*, operando com o próprio conceito winnicottiano de "uso do objeto", mostra como Winnicott se torna, ele mesmo, um objeto a ser usado por Bollas. Também poderíamos falar em um "uso Ogden do objeto Winnicott", ou de um "uso Roussillon do objeto Winnicott", dois autores que usam abusivamente Winnicott.

O que se passa nesses processos é que, ao ser usado, Winnicott é, de certa forma, destruído, embora, felizmente, ele sobreviva a esses autores abusadores de forma a poder vir a ser destruído por outros, e, eventualmente, por nós. Sem alguma destruição de Winnicott e Bion, nem Bollas nem Ogden nem Roussillon seriam os autores importantes e originais que chegaram a ser. É importante esclarecer que sobreviver nesses casos não significa apenas continuar lá para ser encontrado e usado, mas se trata de sobreviver criativamente; isto é, trata-se de uma "destruição" que abre novos caminhos naquela determinada obra para que ela continue a gerar novos sentidos e novos *insights* a futuros leitores.

Evidentemente, esses usos abusivos deixam os winnicottianos e bionianos puro-sangue – já que com Bion ocorrem os mesmos usos abusivos – bem desconfiados e mesmo enraivecidos, mas, paciência; Bollas, Ogden, Roussillon, Ferro são exemplos notáveis do parasitismo criativo e eles jamais se pretenderam porta-vozes de Winnicott ou Bion, embora se alimentem fortemente deles e os desfigurem em maior ou menor medida quando os usam.

Na verdade, todos os grandes pensadores da psicanálise, principalmente os mais originais e criativos, parasitaram e foram parasitados por seus antecessores, seus pares e seus sucessores, instaurando-se entre eles a lógica da suplementaridade. Cabe dizer, generalizando: a psicanálise é não apenas Freud, mas, ao invés dele, Ferenczi, e não apenas ele, mas ao invés dele, Melanie Klein, e não apenas ela, mas ao invés dela, Hartmann, e não apenas Hartmann, mas ao invés dele, Lacan, e não apenas ele, mas ao invés dele, Kohut, e não apenas ele, mas ao invés dele, Bion, e não apenas ele, mas ao invés dele, Winnicott... A ordem dos autores poderia ser invertida e alterada de todas as formas imagináveis e a lógica permanecer a mesma: não só, mas ao invés disso... Uma lógica que contraria tanto uma visão dogmática e excludente quanto uma perspectiva evolucionista. Quando Green responde à pergunta do que há de novo em psicanálise dizendo "Freud", ele está certo, porque o Freud de André Green (e o nosso) vem depois de todos os psicanalistas ditos pós-freudianos e por isso nos parece realmente tão novo.

É essa mesma lógica e dinâmica que preside de forma ainda mais evidente a psicanálise contemporânea e seus personagens, como Green, Ogden, Bollas, Ferro, Roussillon, Anne Alvarez etc.

Em outras palavras, o movimento psicanalítico é fruto de uma cooperação que comporta sempre o conflito (transferências negativas, ódios, ressentimentos), o potencial de dissenso e a possibilidade de ruptura, exigindo que cada autor seja lido nesse território que é o dos que o parasitam e que ele parasitou, com os quais aprendeu e dos quais divergiu e com quem rompeu; o território dos que, ao mesmo tempo, o antecederam e o sucederam e são seus contemporâneos. Isso nem sempre é fácil de fazer, porque muitos ocultam (intencional ou inconscientemente) suas ligações de cooperação e de parasitismo, tentam esconder ou disfarçar a presença dos outros na "barriga" de suas obras. Diga-se de passagem, que nessa maneira de entender o campo da psicanálise não faz o menor sentido pensar em uma "formação winnicottiana" ou em uma "psicanálise ferencziana" exclusiva e independente, como se ouve falar por aí. Assim como o uso do cachimbo faz a boca torta, a mentalidade colonizada ataca quando menos se espera.

No Brasil também conhecemos, somos ou fomos amigos de alguns excelentes parasitas muito criativos, como Gilberto Safra em suas relações com Winnicott e Fabio Herrmann, criando a "teoria dos campos" a partir da tradição freudo-kleiniana em que foi educado, mas com algumas pitadas de Lacan e Laplanche. Ambos criam um pensamento próprio, sendo que Fabio negava que sua obra se apoiasse em quem quer que fosse (acredite quem quiser...).

Já Winnicott admitia que lhe era difícil saber o que e de quem ele tomava emprestadas muitas ideias, embora admitisse que ia pegando muitas pelo caminho, um pouco daqui, um pouco dali...

Mas no capítulo final de *Psycho-analytic Explorations* (*D. W. W. on D. W. W.*) ele menciona inúmeros autores com quem aprendeu, acrescentando que de Ferenczi ele nem consegue dizer o quê e quanto... (Winnicott, 1989). Diz ele, de passagem:

"É bem possível que eu tenha tido essa minha ideia original sobre a tendência antissocial e a esperança, que tem sido extremamente importante para mim em minha prática clínica, de algum lugar. *Nunca sei o que tirei de olhar para Ferenczi, por exemplo, ou de olhar para uma nota de rodapé de Freud*" (Winnicott, 1989, p. 579; tradução e itálicos meus).

Esse "é bem possível..." confirma o que ele assumira quanto ao seu parasitismo criativo ao confessar em *Primitive emotional development* muitos anos antes, em 1945:

> Não farei primeiro um levantamento histórico e mostrarei o desenvolvimento de minhas ideias a partir das teorias de outros, porque minha mente não funciona dessa maneira. O que acontece é que eu reúno isso e aquilo, aqui e ali, me apoio na minha experiência clínica, formo minhas próprias teorias e, por último, me interesso em procurar ver de onde roubei o quê. *Talvez este seja um método tão bom quanto qualquer outro (Winnicott, 1958; tradução e grifos meus).*

Vale dizer, se muitos usam e abusam de Winnicott, ele mesmo usara e abusara de muitos outros, *um método tão bom quanto qualquer outro,* quando o que importa é o trabalho de criação no plano das ideias, mas sempre a partir da sua experiência clínica: esse é o "uso Winnicott" (parafraseando Gurfinkel) de muitos e diversos autores. Vale lembrar que Thomas Ogden iniciou sua leitura criativa desse texto de Winnicott comentando justamente essa passagem que, aliás, fala tanto da "metodologia" de Winnicott quanto da sua própria, uma "metodologia" que encarna, nas palavras do autor, um "espírito brincalhão" (Ogden, 2012).

Nesses usos "brincalhões", evidentemente, ocorrem deslizamentos semânticos, o que será comentado mais adiante em termos de uma "elasticidade conceitual".

Mas, como foi dito, são inevitáveis os mal-entendidos, as dissensões, as divergências, causando mesmo alguma indignação e um certo despeito entre os envolvidos, produzindo rupturas etc.; esses são os riscos da criatividade.

Se Ferenczi nos trouxe a ideia importantíssima para a clínica da "elasticidade da técnica", precisamos admitir que a história da psicanálise e sua transmissão nos obrigam a pensar na "elasticidade nas teorias", uma "elasticidade conceitual": há aí um rigor de novo tipo, pois os grandes pensadores da psicanálise ao se lerem e se influenciarem produzem enormes estragos na compreensão de seus pares e antecessores, mas o fazem construindo obras consistentes, inovadoras e generosas a partir de suas próprias experiências clínicas e das experiências emocionais que elas lhes proporcionam.

## *Leituras criativas. Como isso é possível e por que isso é necessário?*

Nas respostas a essas questões sobressai o lugar da clínica e dos "sofrimentos", no sentido amplo de experiências emocionais e não apenas de angústias, agonias e dores psíquicas; trata-se de *sofrimentos*, tanto de pacientes como do analista, operando como mediadores no parasitismo criativo e na elasticidade teórica conceitual. As leituras criativas são possíveis porque são condicionadas pelas experiências emocionais singulares dos psicanalistas em seus atendimentos de diferentes pacientes e são necessárias para dar conta dessas experiências em sua singularidade. Os textos de Freud, Melanie Klein, Bion, Winnicott e de todos os demais grandes pensadores da psicanálise não serão os mesmos lidos nos contextos das experiências pessoais de cada um com suas demandas, desafios e descobertas.

Os "novos pacientes", que já foram os neuróticos de Freud, as crianças pequenas neuróticas e psicóticas de Klein, os precocemente traumatizados de Ferenczi, os psicóticos de Bion, Rosenfeld e Searles, os esquizoides de Fairbairn e esquizoides falso-*self* de Winnicott, os *borderline* de Green, Kernberg e Bollas, os narcisistas de Kohut, os antianalisandos de Joyce McDougall, os psicossomáticos de Marty e de M'Uzan, os perversos de Janine Chasseguet-Smirgel e de Meltzer etc., sempre trouxeram novos desafios e novas experiências emocionais para o nosso campo. Foi a partir daí que a psicanálise se fez e se refez, em resposta aos sofrimentos de pacientes e de analistas em todos esses atendimentos. Nesse contexto os conceitos sofrem um *deslizamento semântico* e se transformam sutilmente, ganham *elasticidade*, perdem a rigidez que um sistema teórico lhe impõe.

A elasticidade, convém sublinhar, é propriedade da coisa viva; a rigidez é uma qualidade do morto. A psicanálise viva é elástica tanto em suas técnicas (Ferenczi, 1992) como em suas teorias, queiram ou não alguns filósofos (muito chegados a um suposto rigor teórico) e mesmo alguns psicanalistas muito apegados às purezas conceituais de suas "escolas" preferidas.

## A elasticidade técnica e conceitual a serviço da expansão do campo

Os novos pacientes de hoje, incluindo os desvalidos, desamparados e desassistidos pelo Estado, as minorias étnicas historicamente negligenciadas, desprezadas e vítimas de racismo, as novas sexualidades etc., todos eles nos trazem igualmente novos desafios e sofrimentos e será a partir das experiências emocionais particulares e singulares ocorridas nesses atendimentos que poderemos ler e aprender com nossos antecessores e nossos pares.

Ainda é preciso chamar a atenção para o fato de que os "novos pacientes" que a democratização do acesso à psicanálise pode nos trazer não correspondem a nenhuma categoria psicopatológica, o que implica a necessidade de muita pesquisa psicanalítica – com o método psicanalítico de pesquisa – para que os seus e os nossos sofrimentos possam ser pensados pela psicanálise em suas particularidades e na singularidade de cada caso. Provavelmente tais atendimentos vão nos exigir muita elasticidade da técnica e muita elasticidade conceitual, bem como muita criatividade.

Se formos atentos e "leais" a essas experiências – sem ignorá-las, desmenti-las, negá-las –, não imitaremos psicanálise, não vamos ter de *bancar psicanalistas*, e sim seremos psicanalistas praticando essa espécie de parasitismo criativo de que estamos falando.

As leituras mediadas pela clínica vêm em contraposição às leituras sistemáticas e dogmáticas, elas também são "tristes", embora não ridiculamente tristes como a dos imitadores; estas últimas são leituras muito "sisudas" em que não se encontra a liberdade de espírito das leituras que provêm do parasitismo criativo em resposta a experiências emocionais novas e genuínas.

No manifesto de 1928 Oswald de Andrade afirma algumas vezes que a "alegria é a prova dos nove". As leituras criativas são alegres, sem renegar, evidentemente, os momentos de tensão, angústia, depressão, desespero e loucura presentes em todo processo de aprendizagem, descoberta e invenção: os encontros com as alteridades nunca são simples, harmoniosos e pacíficos. Mas podem ser libertadores e alegres. "A alegria é a prova dos nove" e a psicanálise viva e elástica é alegre.

## *Consequências para a formação de analistas*

Dito isso, vamos ao tema para o qual fomos convocados: a formação de analistas.

Comecemos relembrando o famoso tripé: por ordem de importância, análise pessoal, prática clínica supervisionada e estudos teóricos, sendo que esta ordem era bem conhecida por Ferenczi. Em uma palestra em Madri sobre a formação de analistas Ferenczi dizia:

> *Nos ramos científicos, puramente lógicos e matemáticos, basta adotar certos dados fundamentais e incontestáveis, sobre os quais é possível edificar um saber solidamente alicerçado; nas ciências naturais, soma-se a isso uma prática: a observação e a experimentação. Em contrapartida, a experiência psicanalítica mostra que, para praticar o ofício de psicólogo, não basta uma relação lógica entre o conhecimento e os dados experimentais; é indispensável,*

> *além disso, efetuar um estudo profundo de nossa própria personalidade e uma observação rigorosa das nossas moções psíquicas e afetivas... a formação teórica e prática só pode vir em seguida (Ferenczi, 1928/1992 c, p. 210).*

Seguindo essa indicação de Ferenczi, que coloca a análise pessoal, não a chamada "didática", cuja condição de especial ele colocava em dúvida, como assinala Renato Mezan (Mezan, 2024), no topo da lista (principalmente quando a problemática narcísica está em jogo e incide sobre a contratransferência, como observa igualmente Mezan no texto mencionado), gostaria de enfatizar o lugar dos estudos teóricos nos contextos das análises pessoais e das práticas supervisionadas. Estudar, aprender e transmitir teorias psicanalíticas fora dos contextos das experiências emocionais proporcionadas pela análise pessoal e pela prática supervisionada pode gerar, no melhor dos casos, leituras tristes e sisudas, mas, frequentemente, geram apenas leituras ridiculamente tristes, imitativas, repetidoras, artificiais, rígidas, mortas. É fundamental fazer um contato profundo consigo mesmo e sua vida psíquica e afetiva para que as teorias possam ser efetivamente assimiladas, e não apenas "entendidas".

O que chamamos de "elasticidade teórica" depende dessa mediação pela clínica e vem em aguda contraposição ao que pode ser denominado de "psicanálise aplicada" à clínica. A diferença entre "psicanálise aplicada" e psicanálise praticada e pensada é justamente que na primeira há um uso mecânico, burocrático e formalista das teorias que entram e saem dos processos sem se expandirem, sem se deformarem, sem exigirem e comportarem suplementações, sem elasticidade nenhuma. Aqui entre nós, isso é bem chato e muito emburrecedor.

É claro que nem toda análise pessoal e nem toda supervisão garantem a liberdade de experiência e de criatividade de que precisamos em nossas formações, já que análises e supervisões podem ocorrer sob o domínio de um supereu técnico mortífero. Nas boas análises pessoais e nas boas supervisões, ao contrário, em que "*tratar e ensinar*" podem e devem ocorrer simultaneamente, como sugere Renato Mezan (2024), expande-se e se aprofunda a capacidade de o analista em formação entrar em contato com sua vida mental e, a partir daí, se apropriar das teorias e, parasitando-as, destruí-las e conservá-las por via de suas suplementações.

Trata-se de fazer dos processos formativos momentos de descoberta e de expansão momentos de júbilo, de ludicidade, de criação e de invenção, e não de formatação, inibição, esterilização dentro de uma perspectiva burocrática, o que, infelizmente, pode ocorrer com análises e supervisões opressoras e superegoicas, como muitas vezes acontece nas análises e supervisões "didáticas".

## *Conclusão*

Para finalizar, emprestarei palavras ao *Manifesto Antropófago* de 1928:

> *Contra a realidade social, vestida e opressora, cadastrada por Freud – a realidade sem complexos, sem prostituições e sem penitenciárias do matriarcado de Pindorama.*

E Oswald assina:

> *Oswald de Andrade em Piratininga ano 374 da deglutição do Bispo Sardinha.*

Há canibalismo, bom humor e libertação nessa outra versão do banquete.

De lá para cá, o que mudou foi a data: agora já faz 470 anos da grande cena inaugural de antropofagia que ainda não foi suficientemente louvada e multiplicada pelos psicanalistas brasileiros, com raras exceções.

Estou certo de que o subversivo Oswald de Andrade se sentiria muito à vontade se tivesse sido convidado à Conferência Internacional Sándor Ferenczi realizada em São Paulo dos Campos de Piratininga em 2024.

Mas como não foi lembrado pelos diligentes promotores desse evento, de resto tão generoso e inclusivo e para o qual pretos, pardos e indígenas *foram convidados* (não estavam como penetras, como cheguei a ouvir alguém dizer), tomei a liberdade de trazê-lo, mas, ele sim, *na condição de penetra*.

Luís Claudio Figueiredo

São Paulo dos Campos de Piratininga, 31 de maio de 2024.

## *Referências*


Andrade, O. (1928) manifesto Antropófago. *Revista de Antropofagia*, *1*(1).

Ferenczi, S. (1991a). Transferência e introjeção. In S. Ferenczi, *Obras completas* (Vol. 1). Martins Fontes. (Trabalho original publicado em 1909).

Ferenczi, S. (1991b). O desenvolvimento do sentido de realidade e seus estágios. In S. Ferenczi, *Obras completas* (Vol. 2). Martins Fontes. (Trabalho original publicado em 1913).

Ferenczi, S. (1991c). O problema da afirmação do desprazer. In S. Ferenczi, *Obras completas* (Vol. 3). Martins Fontes. (Trabalho original publicado em 1926).

Ferenczi, S. (1992). A elasticidade da técnica. In S. Ferenczi, *Obras completas* (Vol. 4). Martins Fontes. (Trabalho original publicado em 1928).

Ferenczi, S. (1992). O processo da formação psicanalítica. In S. Ferenczi, *Obras completas* (Vol. 4). Martins Fontes. (Trabalho original publicado em 1928).

Figueiredo, L. C. (2024). *Palavras Cruzadas entre Freud e Ferenczi*. Segunda edição revista e ampliada. Escuta.

Freud, S. (2010a). Os dois princípios do funcionamento psíquico. In S. Freud, *Obras completas* (Vol. 10). Companhia das Letras. (Trabalho original publicado em 1911).

Freud, S. (2010b). Pulsões e destinos das pulsões. In S. Freud, *Obras completas* (Vol. 12). Companhia das Letras. (Trabalho original publicado em 1915).

Freud, S. (2011). A negação. In S. Freud, *Obras Completas* (Vol. 16). Companhia das Letras.

Gurfinkel, D. (2024). O uso Bollas do objeto Winnicott: uma epistemologia transformacional. In E. Cintra (Org.), *Por que Bollas?* Zagodoni.

Mezan, R. (2024). "Existe uma concepção ferencziana da supervisão?" Incluído neste volume.

Miller, J. H. (1995). *A ética da leitura*. Imago.

Ogden, Th. H. (2012). Winnicott's "Primitive emotional development". Creative Readings. *Essays on Seminal Analytic Works*. Routledge.

Winnicott, D. W. (1958). Primitive emotional development. *Through Paediatrics to Psycho-Analysis*. Basic Books

Winnicott, D. W. (1989). "D. W. W on D. W. W". *Psycho-analytic Explorations*. Routledge.

# 8. Existe uma concepção ferencziana da supervisão?[1]

*Renato Mezan*

## *Um problema-bábushka*

A questão poderia parecer simples: nada de extraordinário em que o termo "supervisão" não figure nos escritos de Ferenczi, visto que não existia na sua época. O que hoje designamos com ele era então chamado de *Kontrollanalyse* (análise de, ou sob, controle). No entanto, até essa expressão é bastante rara: vasculhando os índices remissivos das *Obras completas* e do *Diário clínico*, encontrei somente duas ocorrências, e mesmo no amplo estudo de André Haynal sobre Ferenczi, *La technique, en question*, o tema só aparece em conexão com Michael Balint (1982, p. 116 e 142), o continuador e divulgador da obra ferencziana.[2]

---

1 O conteúdo deste capítulo é resultado da minha participação na 14ª Conferência Internacional da Ferenczi International Network, ao lado de Wania Cidade e Luis Cláudio Figueiredo. Essa participação me permitiu avançar no estudo de um problema que me intriga há bastante tempo, e sobre o qual pude apresentar algumas ideias em uma live no nosso Grupo Brasileiro de Pesquisas Sándor Ferenczi no episódio "Sándor, supervisor de Ferenczi" (2024), do podcast do GBPSF.

2 Paris, Payot, 1982, p. 116 e 142.

A respeito da *Kontrollanalyse*, nos textos do próprio Ferenczi encontramos uma breve nota no *Diário clínico*, da qual falarei no item 3 deste trabalho, e algumas linhas na conferência "Sobre o processo da formação psicanalítica", dada em 1928 a um público espanhol (Stein, 1992[3]). Esse meio parágrafo complementa uma passagem sobre a necessidade, para o analista principiante, de que "alguém o ajude a vencer suas resistências", porque sem tal ajuda isso só pode ser alcançado até certo ponto. Vale a pena tê-la à nossa disposição:

> *tendo se tornado um* compagnon, *mas sempre vigiado* (surveillé) *e controlado, o aprendiz deve tentar a experiência do trabalho independente. Este segundo momento é representado pela* análise dita sob controle. *Algumas análises são confiadas ao aluno, que trabalha sozinho, mas vai periodicamente relatar esse trabalho ao seu formador, que pode chamar a atenção sobre eventuais erros técnicos, e aconselhá-lo quanto à maneira de conduzir o tratamento. O controle continua até que o aluno seja capaz de trabalhar sozinho.*[4]

A referência é claramente ao sistema inaugurado pelo Instituto de Berlim, e seguido com alterações mínimas nos de Viena e Londres: o famoso tripé análise pessoal + estudo + supervisão. Que esse sistema esteja longe de ter entusiasmado Ferenczi, contudo, não o impediu

3 "Le processus de la formation psychanalytique", in *Oeuvres Complètes*, vol. IV, Paris, Payot, 1982, p. 239-245. A mesma passagem é assinalada por Conrad Stein no texto "Em qual lugar falar de seus pacientes?", in *A Supervisão na Psicanálise*, São Paulo, Escuta, 1992, p. 23 (versão brasileira do número 31 da revista *Etudes Freudiennes,* Paris, Association pour Etudes Freudiennes, 1989).

4 "Le processus...", p. 244. Grifo no original. Na hierarquia das corporações medievais, *compagnon* designava o artesão capaz de demonstrar sua habilidade no ofício escolhido apresentando ao mestre um artefato bem realizado: algo como o TCC nas nossas universidades atuais.

de tratar daquilo para o que foi instituída a prática da supervisão: auxiliar o psicanalista (iniciante ou veterano, tanto faz) a compreender melhor o que ocorre na sua atividade clínica.

Se considerada sob esse ângulo, a escassez de comentários explícitos sobre a terceira perna do tripé deixa de ser preocupante: quase tudo o que Ferenczi escreveu tem como ponto de partida as situações com que se deparava no trabalho com seus pacientes. Como nas famosas bonecas russas escondidas uma dentro da outra, ao examinar um tópico somos levados aos que ele implica, daí ao que está implicado nestes, e assim por diante. Para evitar uma regressão inacabável (e nada terapêutica, se me permitem uma nota de humor), temos de escolher um ponto de ancoragem. Sugiro que este possa ser a intensidade do sofrimento infantil, para cuja reparação até onde fosse possível ele inventará procedimentos cada vez mais ousados (a técnica ativa, o relaxamento, a regressão acompanhada...).

É sobre os fenômenos que emergem quando emprega tais procedimentos– e sobre as causas deles no passado real do paciente – que o analista húngaro busca refletir. Com isso, amplia o escopo da teoria psicanalítica para pensar traumas de violência extrema, capazes de fragmentar (*zersplittern*) a psique em cacos, de suscitar defesas mutiladoras (autotomia, identificação com o agressor), ou reações transferenciais (principalmente hostis) de voltagem até então nunca observada.

Para identificar, acolher e atender necessidades tão profundas e arcaicas, manifestadas por pessoas cuja organização psíquica estava na fímbria do que hoje chamamos casos-limite, ou mesmo das psicoses, o analista precisa dispor de instrumentos mais agudos e mais precisos que os existentes nos primeiros tempos da Psicanálise. Daí a exigência de um tratamento analítico para quem quisesse praticá-la, a ser realizado com outro profissional, e não mais sob a forma da autoanálise recomendada por Freud nos escritos técnicos de 1912-1913[5], já que esta só poderia ir até onde começam os "pontos cegos" de cada um.

O conhecimento de si assim adquirido tornava-se, pois, condição necessária para atuar na clínica. Necessária, mas não suficiente para sustentar o *tsunami* emocional de tantas transferências simultâneas, cada qual suscitando reações contratransferenciais específicas. Sem perceber e analisar tais reações, bem como as defesas que naturalmente tenderia a erigir contra elas, o analista não teria como realizar sua tarefa a contento. Essa missão Ferenczi confia ao que se chamava na época "análise de caráter", tema aliás da segunda conferência que ofereceu ao público madrilenho.

Nesse texto, encontramos um resumo das novidades com impacto na técnica introduzidas por Freud na década de 1920, em especial a percepção mais nítida do poder das resistências para travar o processo terapêutico, estagnando-o em um ciclo interminável de repetições. Compulsão de repetição, idealização de autoridades (pais, líderes de todo tipo), superego excessivamente severo, sentimento inconsciente de culpa – eis as novas figuras do inconsciente com que se defronta o analista.

Para poder desarmá-las, ele necessita de "um grande domínio de si mesmo, e da sua sensibilidade"[6] (Ferenczi, 1982): precisa compreender, e até onde for possível neutralizar, as raízes infantis da sua contratransferência. Só assim poderá colocar-se na disposição afetiva necessária para *escutar* a criança traumatizada que sobrevive no adulto, e que agora aparece na sessão de análise com toda a sua fragilidade. E onde estão enterradas essas raízes? No

5 Paro em 1913, porque o último desta série ("Recordar, Repetir e Elaborar", 1914) abre novas perspectivas sobre a técnica, das quais Ferenczi tirará proveito na década seguinte.

6 "Le traitement psychanalytique du caractère", in *Oeuvres Complètes*, vol, IV, p. 250.

narcisismo do analista, que só pode ser acessado "por meio de uma análise de caráter aprofundada".

Deste narcisismo falaremos em seguida. Por enquanto, o que transparece por trás da descrição bastante convencional da supervisão na primeira conferência de Madrid é que, no modelo berlinense, ela está longe de contemplar os elementos principais da *metapsicologia da prática analítica* que Ferenczi estava começando a estruturar naquele momento. Em breve, tais elementos virão confluir na sua crítica à "hipocrisia profissional", ou seja, da neutralidade levada a exageros beirando a indiferença frente ao sofrimento do paciente, e assim reproduzindo no presente as condições traumatogênicas que o haviam levado a se refugiar na neurose.

Frente a esse obstáculo, Ferenczi advoga uma postura mais de acordo com o que Pierre Sabourin chamou "qualidade excepcional de assistência que ele oferecia aos seus pacientes", feita de "componentes próprios à sua personalidade: disponibilidade, flexibilidade e autocrítica".[7] Sándor estava sempre atento ao que o Dr. Ferenczi fazia ou deixava de fazer, incentivando-o a descobrir os motivos inconscientes para tal ou qual atitude tomada em sessão, e a ir em busca do que fosse mais apropriado a cada pessoa sob seus cuidados. Seu artigo sobre a adaptação da família à criança poderia no limite ser lido como uma defesa da necessidade de o analista se adaptar ao paciente – e a metáfora do João Bobo "das feiras de Viena e Budapeste" na conferência sobre a análise de caráter será retomada por Winnicott no seu artigo "O uso de um objeto".

Por outro lado, não devemos esquecer que as práticas de Ferenczi, e as reflexões que faz a partir delas, tomam forma em um momento da história da Psicanálise particularmente fértil em discussões tanto sobre a técnica quanto sobre conceitos centrais da teoria: as décadas

7 Cf. seu prefácio ao volume IV das *Oeuvres Complètes*: "Vizir secret et tête de turc", p. 11.

de 1920 e 1930.[8] Delas nos interessa aqui a que diz respeito à análise do caráter, da qual Haynal nos diz que "[ela] assinala um descentramento do interesse analítico do sintoma para a personalidade do paciente" (p. 80), na esteira da nova tópica de *O Ego e o Id*. Por quê? Porque, no entendimento do processo analítico, a atenção aos "traços de caráter" nos quais se cristaliza o conjunto do funcionamento psíquico possibilita descobrir qual parte do aparelho psíquico do paciente – ego, id ou superego – está "falando" em tal ou qual momento.

Essa nova bússola para se orientar no discurso (e portanto nos conflitos) do paciente ganha nas mãos de Ferenczi uma segunda função: assinalar as resistências *do analista, que* à semelhança das que provêm do divã também se originam nas diferentes partes da "personalidade" do profissional. Mas o novo instrumento não é de manejo fácil. Para se servir dele, não se pode confiar somente em si mesmo (autoanálise), e, a rigor, não basta uma análise pessoal "superficial" (de pouco tempo, ou que se detivesse no plano dos sintomas). A análise do analista tem que ir mais longe, abranger o máximo possível das suas pulsões, fantasias, defesas e angústias. Na terminologia da época: deve ser uma análise de caráter.

Além de tocar nesses pontos sensíveis, esclarecendo-o sobre a sua "equação pessoal", esse tipo de trabalho clínico visa a preparar o candidato à poltrona, o que exige – na excelente expressão de Silvia Alonso (2011, p. 409) – "ser capaz de sustentar a transferência". Embora sem o dizer expressamente, é evidente que Ferenczi atribui à análise do caráter uma *função de supervisão*. E supervisão do quê? A resposta a essa pergunta começa a se construir em 1924: trata-se

---

8 A esse respeito, ver o curto, mas denso capítulo IV do livro de Haynal, "*Discussions sur la pratique psychanalytique dans lês les années vingt à trente*". Entre os autores brasileiros, cabe mencionar a seção "Alicerces", em Decio Gurfinkel, *Relação de objeto*, São Paulo, Blucher, 2017, e, em meu livro *O tronco e os ramos* (Blucher, 2018), o capítulo "A Era dos Debates".

da contratransferência, em especial da parte que nela desempenha o narcisismo do analista.

É deste ponto que, a meu ver, partem os fios que permitem circunscrever não tanto o que seria uma teoria *de Ferenczi* sobre a supervisão, que por algum motivo ele não teria formulado explicitamente, mas sim o que *nós*, que solicitamos e realizamos supervisões, podemos extrair da sua análise do funcionamento emocional do analista em ação para compreender a *nossa* prática delas, tanto na posição de supervisor quanto na de supervisionando. Sigamos então adiante.

## *"Uma fértil fonte de erros"*

Nos capítulos que escreveu para *Perspectivas da Psicanálise*, Ferenczi é claro quanto aos efeitos nefastos do narcisismo para a prática do terapeuta que não se preocupasse em analisá-lo:

> *O narcisismo do analista parece apropriado para criar uma fonte particularmente fértil de erros; entre outros, o desenvolvimento de um tipo narcísico de contratransferência, que provoca no paciente uma tendência a trazer para o primeiro plano certas coisas que lisonjeiam o analista, e, por outro lado, a suprimir observações e associações desagradáveis em relação a ele.*
>
> *Ambas são tecnicamente incorretas: a primeira porque pode levar a uma aparente melhora do paciente, cujo objetivo é subornar (*to bribe*) o analista, e assim obter dele um contrainteresse libidinal na sua pessoa; o segundo, porque afasta o analista da necessidade de perceber as sutis indicações de crítica, que na maioria só aparecem de modo hesitante. [...] A ansiedade e o sentimento de culpa do paciente jamais podem ser superados sem essa*

> *autocrítica, e, ao contrário, exigem por parte do analista uma certa superação de si próprio.*[9]

A novidade deste trecho é se debruçar no miúdo sobre a interação no par analítico a partir do que se poderia denominar "conluio narcísico": o paciente seduzindo o analista com lisonjas que confortam o narcisismo dele (analista), ao que o dito analista reage manifestando um "contra-interesse libidinal" que gratifica o narcisismo do paciente.

O resultado dessa dupla manobra é impedir o terapeuta de perceber o essencial do que *está acontecendo.* O que lhe escapa? Uma lista sumária nos é apresentada: indícios ainda tênues de uma transferência negativa; a presença no paciente de culpa e ansiedade por sentir hostilidade, tanto em relação ao analista quanto contra a(s) figura(s) do passado que no momento ele encarna; a origem dessa surdez maciça na necessidade de manter intacta a sua autoimagem de "bom" analista, porque acredita não estar se afastando nem da "boa" técnica nem da "boa" teoria que aprendeu.

Nosso trecho contém, entretanto, um paradoxo: não podendo saltar por cima da própria sombra, seria impossível ao analista que Ferenczi visa a advertir dar-se conta *por si só* de tantos deslizes na condução de um tratamento. No entanto, é o que ele sugere ao falar de "autocrítica" e de "certa superação de si mesmo". Essa posição demasiado otimista quanto aos poderes da autoanálise já não é a sua quando, em 1928, delega à análise do caráter a tarefa de lidar com as resistências narcísicas do futuro analista. A diferença, como vimos, reside em que a segunda exige a presença de outra pessoa, a saber o analista do analista.

---

9 *The Development of Psychoanalysis,* International Universities Press/The Chicago Institute for Psychoanalysis, Chicago, 1985, p. 41-42. Um bom comentário dessa obra pode ser encontrado em Marcelo Bouwman, "*Uma leitura de Perspectivas da psicanálise*", in Rita Henzet al.ii (orgs.), *Ferenczi – A arte da psicanálise*', São Paulo, Editora Blucher, 2023.

Em torno deste ponto se dividirão as opiniões quanto *a quem deve ser confiada* a função de supervisionar o analista principiante. A posição majoritária no movimento freudiano será a adotada pelos berlinenses, a saber que o analista do candidato não é a pessoa mais indicada para supervisioná-lo. E por quê?

Voltemos um instante ao texto que citei há pouco: o *compagnon* deve ser "sempre vigiado e controlado", não porque seja sádico ou perverso, mas porque comete "erros" que podem comprometer o paciente. Cabe ao "formador" corrigi-los, e "aconselhar [o candidato] quanto à maneira correta de conduzir o tratamento." Ora, nada disso combina com a neutralidade nem com a abstinência pelas quais deve ser pautar o analista em qualquer tratamento, inclusive e principalmente no de um futuro colega. Este poderia ser um primeiro motivo para o que chamei acima de pouco entusiasmo de Ferenczi pelo sistema de formação então predominante, não fosse pelo fato de que ele se entusiasmava ainda menos pelas consignas de neutralidade e abstinência como eram entendidas pelos seus colegas ("hipocrisia profissional", levando em casos graves à reprodução piorada dos traumas infantis no decorrer do processo terapêutico).

Penso que um motivo mais importante para a posição cética de Ferenczi é que na supervisão à berlinense predomina um ponto de vista pedagógico: ela é concebida como um *ensino*, que se diferencia do teórico apenas porque seu objeto não são os conceitos e hipóteses sobre o funcionamento da psique, e sim os fenômenos dos quais tratam umas e outros, surgindo ao vivo e a cores no decorrer de análises concretas.

Essa maneira de compreender a supervisão – e por conseguinte a formação da qual ela é parte – se encontra nos antípodas das concepções de Ferenczi, avessas a toda forma de "enquadramento" em qualquer tópico ligado à psicanálise, e sobretudo no tocante à formação – diria quase "à gestação" – do analista.

Na contribuição de Fernanda Pacheco-Ferreira à coletânea *Ferenczi – a arte da psicanálise* (Hentz et al., 2023),[10] que trata do artigo de 1928 "O problema do fim da análise", encontro observações muito úteis para avançarmos neste ponto. Diz ela que se trata da primeira "contribuição de peso" não só para o problema indicado no título, mas ainda quanto a uma questão que será debatida por décadas, e permanece ainda hoje na ordem do dia: a da análise didática. Fernanda assinala que o texto faz parte da série de comunicações feitas nos três últimos congressos dos quais Ferenczi participou (1927, esta; 1929, "Princípio de relaxamento e neocatarse"; 1932, "Confusão de línguas"), e discute temas também tratados em "Elasticidade da técnica", "Análise de crianças com adultos", e outros da fase final das suas pesquisas.

Como seria de esperar, em "Fim da análise" figura a questão da análise do caráter, destacando a importância dela para permitir ao futuro analista perceber com mais nitidez alguns comportamentos não verbais do paciente, agora associados a certos "traços de caráter". Incentivar e desenvolver a atenção aos "elementos formais do comportamento do paciente", assim como ao jogo dos afetos na transferência e na contratransferência, é justamente uma das "funções de supervisão" da "análise pessoal mais profunda", indispensável a quem deseja se tornar psicanalista.

No entanto – e aqui está uma diferença fundamental –, para o mestre de Budapeste essa espécie de atenção não pode ser ensinada como se ensina o que é a condensação, quais são os destinos da pulsão sexual, ou como se pode distinguir uma neurose obsessiva de uma paranoia. É preciso ter vivenciado na carne, no calor da transferência, o significado de manifestações como a maneira de se deitar ou de se levantar do divã, o tom de voz com que é comunicada uma

---

10 Fernanda Pacheco-Ribeiro, "Uma leitura de *O Problema do Fim da Análise*", in Rita Hentz et al. (Orgs.), *op. cit*, p. 211-220.

associação etc.[11] Ou seja, trocando em miúdos: ele não vê diferença alguma entre a análise didática e as "comuns", inclusive no que diz respeito à necessidade, para quem se submete a qualquer delas, de elaborar o luto da transferência sobre a pessoa do seu (agora) ex-analista.[12]

Em resumo: Ferenczi e seus interlocutores no tema da supervisão concordam que para o candidato a analista é necessário *algo mais* que a análise da problemática pessoal *stricto sensu*. Especialmente quando começa a atender, é essencial *que alguém escute* o que o ele tem a dizer sobre os seus pacientes, seja na terapia pessoal (Ferenczi), seja em "relatos feitos periodicamente" a um analista que não é o seu (seus colegas alemães, austríacos e ingleses).

O que decide em favor de uma ou de outra posição são as diferentes concepções do que se deve abordar na supervisão, aqui sempre concebida como parte da formação *inicial* do psicanalista. Suposto inexperiente, ele está sujeito a cometer erros graves, dos quais precisam ser protegidos tanto ele quanto o seu paciente. A divergência é sobre *em qual espaço* tal proteção deve ter lugar, e por conseguinte quem se encarregará dela: nas sessões, com o analista pessoal, ou fora delas, em encontros com outro analista.

Dada a posição ímpar de Ferenczi entre seus colegas de Budapeste, quase todos ex-pacientes ou alunos dele, as ideias que defendia quanto à formação (e portanto sobre a supervisão) tendiam a prevalecer na Sociedade húngara. De modo geral, os membros dessa associação não eram dados a controvérsias internas; no caso que nos ocupa, até porque Ferenczi não chegou a expor de forma sistemática a sua posição, o apoio a ela acabava se mostrando mais tácito que explícito.

---

11 Cf. Pacheco-Ribeiro, p. 214.

12 Idem, p. 218. Ferenczi o diz com todas as letras na primeira conferência de Madrid: "é preciso também liberar o candidato-analista da relação pessoal que o liga a nós, torná-lo independente. Isso nunca é feito nas outras formas de psicoterapia (hipnose, sugestão, etc.)" Cf. "Le processsus...", p. 242.

A isso se soma outro fator, ao qual a meu ver cabe conferir alguma importância. Os últimos anos da vida dele coincidiram com grandes turbulências na Europa Central: na economia, a crise de 1929 e a Grande Depressão; na esfera política, a eleição de Hitler como chanceler da Alemanha, os conflitos por vezes sangrentos entre fascistas e socialistas na Áustria, e, na Hungria, o endurecimento do regime autoritário e pró-nazista do almirante Horthy. Já visado por ter ocupado durante o breve governo comunista de Béla Kun (1919) o cargo de professor de psicanálise na universidade, e tendo precisado se exilar por quase um ano nos Estados Unidos (em 1926-1927), compreende-se que Ferenczi preferisse evitar os holofotes. Além disso, como nota Michael Balint, a partir de 1928 "ele decidira não mais publicar suas observações como nos anos anteriores, talvez porque não estivesse seguro quanto à maneira como seriam recebidas no meio psicanalítico."[13]

Sabemos que Ferenczi dedicou seu último ano, já sofrendo da doença da qual viria a morrer, a atender seus pacientes e à redação do *Diário clínico*. No tocante à supervisão, quem se encarregou de formular por extenso e por escrito uma visão bem próxima à que ele provavelmente sustentaria foi Vilma Kovács, para cujo artigo "Training and control analysis"[14] devemos agora voltar nossa atenção.

## *"Treat or teach?"*

Nesse curto mas importantíssimo trabalho, Kovács toma partido em um debate iniciado uma década e meia antes com a institucionalização da formação analítica em Berlim. Até então (1920), não era raro que os discípulos mais chegados solicitassem a Freud alguma orientação quanto a certos casos, pessoalmente ou por carta; para outros profissionais em dificuldades, ele sugeria que fizessem o mesmo junto

13 Cf. Michael Bálint, Introdução ao volume IV das *Oeuvres Complètes*, "Lesexpériencestechniques de Ferenczi: perspectives pour une évolution future", o. 19.

14 *International Journal of Psychoanalysis*, vol. 17 (1936), p. 345-354.

a "psicanalistas reconhecidos" (por exemplo, no artigo sobre o ensino da Psicanálise na Universidade[15]).

"Durante a década de 1920, a prática sob supervisão se tornou não apenas parte obrigatória da formação analítica, mas ainda tema de discussões teóricas.[...] Em meados dos anos 1930, estava em curso um efetivo debate acerca dos motivos dessas práticas", assinala Darian Leader em trabalho intitulado "*Some Thoughts on Supervision*".[16]Apesar de pequenas diferenças quanto ao tempo e ao número de casos necessários para satisfazer a exigência, berlinenses e vienenses estavam de acordo no ponto que mencionamos há pouco: o analista e o supervisor deviam ser pessoas diferentes, enquanto seus colegas húngaros -sem fazer disso uma regra -"frequentemente incentivavam os candidatos a começar a atender sob supervisão dos seus próprios analistas."

Que razões Kovács aduz em favor dessa posição? Leader as transcreve *in extenso*:

> *Se o candidato prossegue sua própria análise quando começa a analisar pacientes, as duas dimensões de trabalho paralelas começam a iluminar aqueles lados da sua personalidade que até então haviam recebido pouca ou nenhuma atenção, ou no mínimo não tinham se manifestado de modo tão expressivo.*
>
> *Todas as suas boas e más qualidades são reveladas, e também suas fraquezas: por exemplo, sua incapacidade de ser objetivo, sua impaciência, vaidade e inaptidão para*

15 "On the teaching of Psychoanalysis in Universities" (1919), Standard Edition, vol. XVII, p. 169-174; Biblioteca Nueva, Madrid, 1975, vol. III, p.

16 Publicado no *British Journal of Psychotherapy*, vol. 26, 2010, e disponível em diversas plataformas *online*. Para o que se segue, apoio-me no bem documentado trabalho do colega inglês.

> *receber críticas; a tendência a observar apenas o que o favorece, e a não perceber as sérias acusações que o paciente tem contra ele, mas não ousa exprimir a não ser de forma disfarçada; a falta de tato, que satisfaz pulsões sádicas ou masoquistas que não consegue dominar; sua rudeza, ou ao contrário a camaradagem exagerada, ou a excessiva tolerância [...].*
>
> *Tudo isso oferece ocasião para mostrar ao estudante a forma correta de lidar com a contratransferência, que é um dos fatores mais importantes no trabalho psicanalítico. "Sem isso, a relação de supervisão se diluiria num falso ideal de puro humanitarismo."*

O leitor terá notado nessa relação impressionante de "fraquezas" ecos do que, em 1924, Ferenczi verberava sob a rubrica do narcisismo do analista, então qualificado de "fonte de inumeráveis erros". É dele que o paciente do analista principiante deve ser protegido, e o *locus* adequado para isso é a análise pessoal, ou de caráter, do dito principiante. Por quê? A resposta de Vilma Kovács é mais explícita que a do seu ex-analista: porque os ditos erros provêm de certos traços de caráter (vaidade, impaciência, rudeza etc.) e das forças inconscientes em que eles se sustentam.

Dessa premissa decorrem importantes consequências. Em primeiro lugar, como ninguém conhece melhor o possível causador deles que o seu psicanalista, é a este que se deve confiar a tarefa de apontá-los e interpretá-los. Ao analista em formação cabe perlaborar o que tiver sido assim descoberto: as raízes das atuações contratransferenciais nas suas fantasias, desejos e angústias infantis. É esse conhecimento que lhe possibilitará se assenhorear da "forma correta" de lidar com a contratransferência.

O que poderia significar tal expressão? Sugiro uma hipótese: identificar em cada situação específica a forma assumida pelo conteúdo contratransferencial, e evitar dar curso ao dito conteúdo no trato com o paciente que o tiver despertado. Nos termos de Darian Leader, "é este foco na dinâmica inconsciente que se tornará a marca distintiva de uma das correntes principais na literatura sobre a supervisão."

O texto de Vilma Kovács pode ser visto como uma resposta ao artigo que Helene Deutsch publicara no ano anterior, "Control Analysis".[17] Deutsch era naquele momento a sucessora de Wilhelm Reich na direção do seminário de técnica do Instituto de Viena, e a abertura do seu trabalho já diz a que vem: "Está claro para todos nós, que nos interessamos e estamos ativos no treinamento analítico, que o que chamamos "análise de controle" forma a base sobre a qual está construída toda a instrução clínica na Psicanálise."

O termo-chave aqui é *instrução*, pois, como vimos, para essa segunda corrente o cerne da atividade do supervisor consiste em ensinar. Ensinar o quê? A discernir o momento e a forma adequados para a interpretação, responde Edward Bibring, também citado no artigo de Darian Leader. Segundo este autor, foi o contraste entre as posições de Kovács e Bibring que levou o debate sobre a supervisão a ser conhecido como o "*treat or teach problem*.[18] "No que deveria se centrar o encontro de supervisão: na análise da bagagem inconsciente do supervisionando, ou em transmitir conhecimentos e habilidades?", resume o psicanalista britânico.

Não é difícil concordar com ele quando afirma que formulado assim – como uma alternativa demasiado rígida, para não dizer obtusa– o problema leva a um beco sem saída. Sendo um processo que se mede em anos e não em horas, nada impede que a supervisão trate, sessão a sessão, o que naquele momento for mais problemático para o supervisionando. A experiência mostra que este "mais problemático" pode ser qualquer coisa, quer se refira a ele, analista, quer ao que

17 *International Journal of Psychoanalysis*, vol. 16 (1935), p. 59 ss.

18 Uma alusão ao *trick or treat* que as crianças dizem na noite de Halloween (em português, "travessuras ou gostosuras").

compreende da organização psíquica do paciente, ou ainda à interação da dupla. Deixemos por enquanto esse tópico em aberto para nos dirigir ao *Diário clínico*, esse documento extraordinário no qual podemos observar como Ferenczi coloca em prática o autoescrutínio sobre os atendimentos que realizava naquele momento.

## "Nada de análise didática especial!"

Assim Ferenczi intitula, em 3 de junho de 1932, uma nota redigida em frases curtas e enfáticas. Eis o que ela diz sobre o que nos interessa aqui:

> *Os analistas deveriam ser* mais bem *analisados que os pacientes, não* mais mal
>
> *Mas atualmente são* mais mal *[analisados]*
>
> *limite de tempo*
>
> *não há relaxamento (segundo dizem os pacientes)*
>
> *se são necessários 6 a 8 anos, impossível na prática. Mas deveria ser corrigido por uma análise complementar contínua. Mas mesmo assim, não inteiramente satisfatório.*
>
> *[...]*
>
> *análise mútua: apenas um substituto muito limitado* (pis-aller*). Uma análise autêntica por alguém de fora [em relação à dupla analítica, RM], sem qualquer obrigação, seria melhor.*
>
> *[...]*
>
> *colocar em questão a análise de controle: último recurso: reconhecimento e confissão das próprias dificuldades e fraquezas. Controle severo pelos pacientes! Não se defender. (p.172-173).*[19]

---

19 *Journal Clinique*, Paris, Payot, 1982, p. 172-173.

Já tratamos de alguns dos temas que aqui aparecem. A novidade é a análise mútua, que Ferenczi praticava em certos casos dificílimos. A ela é atribuída uma *função de supervisão* ("controle pelo paciente"), a ser aceita com honestidade pelo analista ("não se defender").

Não cabe no escopo deste artigo o estudo de um assunto tão complexo e polêmico como o da análise mútua. Merece destaque, porém, um fato que poderia parecer paradoxal: ao mesmo tempo em que reconhece a necessidade de uma pessoa externa para escutá-lo em "controle" (ou seja, em supervisão), boa parte do *Diário* consiste em detalhada *autossupervisão*, na qual vemos em ação a capacidade de criticar a si mesmo que Pierre Sabourin elogiava entre as "componentes da personalidade" do nosso autor. Teria ele, de algum modo, renunciado a uma parte tão importante das suas ideias sobre onde e como o analista deve procurar esclarecer as dificuldades colocadas pela contratransferência?

Não penso assim, e por vários motivos. Em primeiro lugar, apesar das aparências, não podemos comparar o analista a quem se refere Ferenczi quando trata da formação com ele próprio, um pioneiro da disciplina, que precisou aprendê-la estudando as obras de Freud e convivendo com ele. Mesmo as poucas dezenas de sessões que teve no divã da Berggasse 19 não chegaram a ser uma "análise concluída", como escreve (entre tantas outras menções) ao *Herr* Professor em carta citada por Judith Dupont no prefácio à tradução francesa do *Diário*:

> *na minha relação com o senhor, trata-se de um entrelaçamento de diferentes conflitos emocionais e de posição [...]. O senhor veio a ser meu analista, mas as circunstâncias desfavoráveis não permitiram levar minha análise a bom termo. O que mais lamentei foi que o senhor não tenha percebido em mim os sentimentos e fantasias negativos, parcialmente transferidos.*[20]

---

20 Carta de Ferenczi a Freud, 17.01.1930. *Journal*..., p. 25.

Na carta, as "circunstâncias desfavoráveis" se referem a ter sido convocado pelo exército austríaco já nas semanas iniciais da Primeira Guerra Mundial, fato que causou a interrupção do tratamento vinte dias depois de começado (em outubro de 1916) e na prática só permitiu que continuasse por mais três curtas semanas, em agosto de 1916.[21] Mas podemos entendê-las também como aludindo ao fato de, sendo um membro da primeira geração freudiana, Ferenczi não pôde dispor da *experiência de uma análise*, fosse ela pessoal, didática ou de controle – o que só lhe deixava à mão para acessar e tentar compreender algo do seu inconsciente o recurso à autoanálise.

Se tal era o caso até o começo da década de 1930, *a fortiori* o será quando ele decide empreender o que Balint chamou "o grande experimento" do *Diário*, cujos primeiros passos relata a Freud em outras cartas.Um segundo motivo para não pensar que ele tenha voltado atrás quanto à importância relativa da supervisão e da autoanálise se encontra justamente no Prefácio mencionado, quando Mme. Dupont enumera os "grandes temas principais" do *Diário*: o trauma (ponto teórico), a análise mútua (ponto clínico), e a crítica do dispositivo analítico tal como Freud o estabeleceu (ponto pessoal).[22]

Desses três eixos entrelaçados na teorização e na prática ferenczianas, o do trauma é sem dúvida o mais fundamental. Nosso colega Eugênio Canesin Dal Molin o disse de modo muito feliz: "para Sándor Ferenczi, a 'estrada real' para compreender o funcionamento mental e suas manifestações não era o sonho, mas o trauma".[23] Como vimos no início deste artigo, é ele que serve de bússola para a clínica

21 *Sándor Ferenczi, a Life in Psychoanalysis* – disponível em www.freud.org.uk. (O *link* remete a um texto da Wikipedia bastante útil para quem deseja informação rápida e confiável sobre o nosso autor).

22 *Journal* ...., p. 30.

23 Cf. "Fresh old news from Ferenczi about the function of dreams: the dream as a *Kur*, a treatment and as a *Gyógyászat*", *International Journal of Psychoanalysis*, vol. 93 (2012), p. 1175-1189.

ferencziana, e – podemos acrescentar agora –devido à maneira como o define: um choque causado pelo adulto perverso à criança, secundado por outro ainda mais violento, a saber, a falta de reconhecimento e validação pela pessoa a quem ela tenta confiar o acontecido.

Foi com alguns pacientes profundamente lesados por experiências traumáticas dessa magnitude que Ferenczi tentou seu procedimento mais audacioso: a análise mútua, que não deixa de ser uma espécie de supervisão. Um deles foi Elizabeth Severn, designada no *Diário* como R.N. Ao lado de referências às sessões de análise mútua com ela, encontramos sobre esse caso muitas notas do tipo "autossupervisão". No excelente estudo com que contribuiu para a coletânea *A arte da psicanálise*, Lizana Dallazen resume e discute várias dessas anotações. Cito um exemplo bastante característico:

> *Em uma de suas notas, [Ferenczi] admite que percebera Elizabeth como uma jovem antipática e arrogante, e com supercompensação se esforçava para atender todos os desejos dela. Quando Ferenczi se dá conta da presença de uma forte formação reativa em seu próprio comportamento, percebe que está tentando se proteger da angústia, dos sentimentos de incômodo, de cansaço e de desprazer ao longo do atendimento dessa analisanda, chegando a declarar "uma vontade de enviar tudo isso aos diabos." [...] Ferenczi reconheceu ainda a existência de fantasias libidinosas e lúdicas em si durante o atendimento de casos graves como esse.*[24]

24 "Sobre o caso Elizabeth Severn, a contratransferência e o *Diário clínico*", in *Ferenczi, a Arte da Psicanálise*, p. 221-231. A nota em questão parece ser a de 5 de maio de 1932, uma das mais extensas do volume. O trabalho com esta paciente é também comentado por Judith Dupont ("*Avant-Propos*", p. 33-34).

Não parece que estamos a ouvir a voz de Vilma Kovács, recriminando ao analista inexperiente (!!) a sua "camaradagem excessiva, ou tolerância", para com a jovem mimada que afagava sua vaidade se abalando do outro lado do Atlântico para vir se deitar no seu divã? E, no entanto, é o próprio Ferenczi que redige essa observação de si. O que, acredito, comprova que uma compreensão profunda da contratransferência pode ser alcançada seja em autoanálise (ou autossupervisão), seja na análise de controle como a entendiam Kovács e seu círculo, ou ainda na forma hoje convencional de realizar uma supervisão. E, para concluir nosso trajeto de hoje, valem algumas considerações sobre este tópico.

## *Para que serve, afinal, a prática das supervisões?*

Retornemos um momento ao dilema *treat or teach*, que deixamos em aberto algumas páginas atrás. Darian Leader o considera *misleading* (enganoso, ilusório), e no meu entender tem toda a razão. A supervisão não precisa se limitar nem a um nem a outro ramo da alternativa, nem, aliás, a nenhum ramo de alternativa alguma. Nesta em particular, o aspecto do "tratar" me parece mais equivocado que o outro: se na fórmula clássica ele significava delegar a supervisão ao analista do supervisionando, nos dias de hoje – quando ela é sempre realizada por outro profissional – seria descabido que o supervisor se outorgasse o direito de interpretar sem mais o significado de tal ou qual conduta do supervisionando. O que não exclui, evidentemente, indicar de modo sutil e respeitoso que aquela conduta possa ter um sentido pessoal, a ser desvendado alhures.

Por outro lado, não vejo problema no ramo "ensinar", desde que se tenha claro o que ele significa em uma situação como a de supervisão, diferente da de uma classe a quem o professor ensina determinado conteúdo – e mesmo este exemplo precisaria ser refinado, pois também na sala de aula se requer habilidade e *finesse* para fazer os alunos se envolverem com o que está sendo transmitido, e participar com o professor na construção do conhecimento.

Ensinar em uma situação de supervisão pode ser, por exemplo, esclarecer uma dúvida trazida pelo supervisionando quanto a um conceito psicanalítico: por que tal comunicação do paciente pode ser entendida como uma identificação projetiva? Ou: o que justificaria inferir do relato do paciente alguma probabilidade de ter sido o preferido da sua mãe, ou vítima de algum abuso sexual? Etc., etc.

Cabe aqui uma observação: tanto a vertente *treat* quanto a vertente *teach* concebem a supervisão como um espaço verticalizado, no qual o supervisionando traz uma matéria por assim dizer bruta que receberia do supervisor uma organização inteligível. Tal visão, parece-me, é das mais equivocadas. O que aprendemos tentando imaginar o que poderia ser uma teoria ferencziana da supervisão é exatamente o contrário: ela deve e pode ser um *espaço de questionamento* pelo supervisionando quanto à sua prática. Isso significa se interrogar sobre o motivo de fazer tal observação, qual foi o seu efeito (imediato ou diferido), por que sentiu tédio, sono, ou ao contrário, uma preocupação ou interesse especial por aquele/a paciente, e assim por diante.

É a natureza mesma da supervisão que está em jogo nesse ponto. Se ela é parte essencial da formação, não é somente pela falta de experiência clínica de quem a solicita (supondo que esteja começando na profissão). Prova disso é que não é raro um analista com alguns anos de prática solicitar a outro, que respeita ou admira, que o acompanhe por algum tempo como supervisor.

Um paralelo apropriado me parece ser o de alguém que deseja aprender a tocar um instrumento, ou a falar uma língua estrangeira, e vai em busca de um professor. O que este fará é sem dúvida transmitir um conjunto de conhecimentos, mas também incentivar o aluno a utilizar certas capacidades que frequentemente ele não tinha ideia de possuir, e que, uma vez *experimentadas* e *apropriadas*, irão lhe permitir realizar por si só o que desejava fazer – tocar com prazer o instrumento, entender o que ouve, ou se expressar no novo idioma etc.

No caso da supervisão, o que se transmite é o que alguns mestres contemporâneos chamam de "capacidade psicanalítica". Ela o faz de maneira diferente da que o indivíduo irá encontrar na análise pessoal. A diferença pode parecer pequena, mas é de monta: o assunto mais imediato da supervisão é o processo analítico de uma terceira pessoa, o paciente do supervisionando.

Além dos objetivos que já conhecemos, este é o seu propósito ético: auxiliar quem a procura a investir e a aprimorar essa atividade tão contrária às visadas do narcisismo infantil que sobrevive em todos nós: a escuta do *outro*. Não como "puro humanitarismo", e sim se servindo do que o supervisionando vivenciou ou vivencia na sua própria análise, do que assimilou no estudo da teoria, do que apresentam seus colegas nas reuniões que frequenta, nas publicações que lê, e hoje também em *lives*, *podcasts* e demais formas de comunicação eletrônica.

Como tudo na vida, esse espaço em princípio tão fecundo pode ser desvirtuado, transformando-se em procedimento de fabricação de cópias em série do supervisor, ou de sectários da variante de psicanálise adotada pela associação psicanalítica a que pertence a dupla. No tempo de Ferenczi, os praticantes da "jovem ciência" já começavam a se dar conta dos riscos de dogmatismo e de alienação que mais tarde se materializaram de tantas formas no movimento freudiano. Por isso mesmo ele insistia na necessidade de liberar o analista recém-saído da análise pessoal dos resíduos transferenciais que o ligavam ao seu psicanalista.

Eu disse atrás que o objetivo deste artigo não era construir a teoria da supervisão que Ferenczi preferiu não elaborar, mas aprender com o que ele nos deixou maneiras de fazer dela um espaço de crescimento intelectual e emocional, tanto para quem a procura como para quem a oferece. Talvez tão importante quanto os horizontes que ele nos abriu em seus escritos seja o exemplo que nos lega de integridade, solidariedade e compaixão pelo sofrimento psíquico de quem vinha se analisar no seu divã.

Não creio que ele se aborrecesse se disséssemos a mesma coisa com outras palavras: sustentando a imaginação teórica do *enfant terrible* da psicanálise, assoma a figura de Sándor, fonte afetiva da perícia clínica e supervisor secreto do Dr. Ferenczi.

## Referências


Alonso, S. (2011). *O tempo, a escuta, o feminino*. Casa do Psicólogo.

Balint, M. (1982). Les expériences techniques de Ferenczi. In M. Balint, *Oeuvres Complètes* (Vol. IV). Payot.

Bouwman, M. (2023). Uma leitura de Perspectivas da psicanálise. In R. Hentz et al. (orgs.), *Ferenczi a Arte da Psicanálise*. Blucher.

Canesin Dal Molin, E. (2012). Fresh old news from Ferenczi about the function of dreams: the dream as a Kur, a treatment or a Gyogyászat. *International Journal of Psychoanalysis, 93*.

Dallazen, L. (2023). Sobre o caso Elizabeth Severn, a contratransferência e o Diário clínico. In R. Hentzet et al. (orgs.), *Ferenczi: a arte da Psicanálise*. São Paulo, Blucher.

Deutsch, H. (1935). Control analysis. *International Journal of Psychoanalyis, 16*.

Dupont, J. (1982). Avant-Propos. In *Journal Clinique*. Paris: Payot.

Ferenczi, S. (1982). *Journal Clinique*. Paris, Payot.

Ferenczi, S. (1982). Le problème de lafin de l'analyse. In S. Ferenczi, *Oeuvres Complètes*, Vol. IV. Paris: Payot.

Ferenczi, S. (1982). Le processus de la formation psychanalytique. In *Oeuvres Complètes*, Vol. IV. Paris: Payot.

Ferenczi, S. (1982). Le traitement psychanalytique du caractère. In *Oeuvres Complètes*, Vol. IV. Paris: Payot.

Ferenczi, S. (1982). Carta a Freud, 17.01.1930, apud J. Dupont, Avant-Propos. In *Journal Clinique*, Paris, Payot.

Ferenczi, S.; Rank, O. (1985). *The Development of Psychoanalysis*. Chicago: International Universities Press.

Freud, S. (1975). Erinnern, Wiederholen und Durcharbeiten, Sudienausgabe, Frankfurt am Main,1975 (Ergänzungsband); Recuerdo, repetición y elaboración. In S. Freud, *Obras Completas de Sigmund Freud*, Vol. II. Madrid: Biblioteca Nueva.

Freud, S. *On the teaching of Psychoanalysis in Universities*. Standard Edition, vol. XVII.

Freud, S. Le traitement psychanalytique du caractère. In S. Freud, *Oeuvres Complètes*, Vol. IV, p. 250.

Gurfinkel, D. (2017). *Relações de objeto*. São Paulo, Blucher.

Haynal, A. (1982). *La technique en question*. Paris: Payot.

Hentz, R. et al. (orgs.). (2023). *Ferenczi – a arte da psicanálise*. Blucher.

Kovács, V. (1936). Training analysis and control analysis. *International Journal of Psychoanalyis, 17*.

Leader, D. Some thoughts on supervision. *British Journal of Psychotherapy, 26*. Disponível online.

Mezan, R. (2021). *A formação segundo Ferenczi*. Live no Projeto Inquietações do Grupo Brasileiro de Estudos Sándor Ferenczi. https://youtu.be\Upg_miKxAHY.

Mezan, R. (2023). *Ferenczi e a formação do analista*. Aula preparatória para a 14ª Conferência Internacional Ferenczi.

Pacheco-Ribeiro, F. (2023). Uma leitura de O Problema do Fim da Análise. In R. Hentz et al. (orgs.), *Ferenczi – a arte da psicanálise*. São Paulo, Blucher.

Sabourin, P. (1982). Vizir secret et tête de turc. In P. Sabourin, *Oeuvres Complètes,* Vol. IV). Paris: Payot.

Stein, C. (1993). Em que lugar falar de seus pacientes? In C. Stein et al, A supervisão na psicanálise. Escuta.

# 9. A vida secreta de Ferenczi: a análise mútua como um paradigma relacional

*Peter L. Rudnytsky*[1]

No dia 5 de janeiro de 2024, fui convidado a fazer uma apresentação *online* para um grupo em Teerã chamado *Manjeh Educational Group*, com o título *Rescuing psychoanalysis from Freud* ("Salvando a psicanálise de Freud"). A declaração de missão do *Manjeh Educational Group* é a seguinte:

> *Com a nova onda de promoção da cultura psicanalítica entre os iranianos completando quase duas décadas, chegou a hora de transformar o isolamento acadêmico e institucional em harmonia comparativa e interinstitucional. O Manjeh analisa seriamente o diálogo e a interação entre o interior e o exterior no contexto sociopolítico.*

Eu estava conversando com esse grupo de analistas iranianos, alguns dos quais viviam em outros países, e um membro desse grupo, chamado Kamran Alipanahi, mencionou que havia conhecido Pedro Boschan. Ele mora em Buenos Aires. Pedi a ele que me escrevesse

1 Tradução de Mariana Toledo.

contando a história de seu encontro com Pedro, que eu gostaria de compartilhar aqui. Ele escreveu:

> *[...] Foi em um voo de Buenos Aires para Santiago do Chile, em 2008, que tive a oportunidade de conhecer Pedro Boschan e sua esposa. Estávamos sentados na mesma fileira do avião. Naquela época, eu estava prestes a começar minha formação psicanalítica na Associação Psicanalítica da Argentina.*
>
> *A conversa que tive com Pedro sobre a próxima Conferência Internacional de Ferenczi, em Buenos Aires, foi realmente esclarecedora. Suas percepções e entusiasmo pelo evento despertaram meu interesse pelo trabalho de Ferenczi e pelo campo mais amplo da psicanálise. Após retornar do Chile para Buenos Aires, aprofundei-me nos escritos de Ferenczi, especialmente em seu Diário clínico, que comprei depois de nossa conversa.*
>
> *Embora eu não tenha participado da Conferência de Ferenczi em Buenos Aires, minha conexão com Pedro e nossa conversa no avião serviram como uma introdução significativa à psicanálise. Para mim, foi uma experiência formadora que influenciou a trajetória da minha carreira e aprofundou meu apreço pela interconexão da nossa comunidade psicanalítica.*
>
> *À luz dos recentes acontecimentos trágicos, nossas amizades psicanalíticas, de fato, assumem uma importância e um significado ainda maiores. Sou grato pela oportunidade de refletir sobre esse encontro significativo com você e de contribuir para a sua palestra na próxima Conferência de Ferenczi em São Paulo.*

Gostaria de dedicar esta palestra à população e, especialmente, aos psicanalistas da Ucrânia, que estão vivendo sua própria catástrofe e lutando sua própria guerra contra o colonialismo e a favor da democracia.

Como é possível afirmar que o "renascimento de Ferenczi" ganhou vida a partir da publicação, há quase 40 anos, de seu *Diário clínico* – o diário particular que Ferenczi manteve em 1932, um ano antes de sua morte aos 59 anos –, espero que a publicação, em 2017, da minha edição de *The Discovery of the Self: A Study in Psychological Cure* (A descoberta do *self*: um estudo sobre a cura psicológica), de Elizabeth Severn, que estava esgotado e esquecido por todos, com exceção de um punhado de especialistas desde 1933, possa ter ajudado a inaugurar uma "segunda onda" de estudos sobre Ferenczi na psicanálise contemporânea.

Como relatei em minha introdução ao livro de Severn, embora ela tenha se tornado inicialmente uma espécie de celebridade por ser a paciente mencionada no *Diário* pelas iniciais "R.N.", com quem Ferenczi conduziu seu experimento de análise mútua, o verdadeiro avanço veio com a descoberta de que Severn, em *The Discovery of the Self*, havia apresentado um relato do caso de Ferenczi de forma disfarçada – bem como de si mesma, como se ela fosse uma de suas próprias pacientes – e, assim, legou à posteridade "o outro lado da história" da experiência de análise mútua.

No decorrer de minha pesquisa, percebi que Severn também incluiu um relato de caso disfarçado de sua filha, Margaret, uma dançarina aclamada internacionalmente cuja história de abuso sexual na infância era estranhamente parecida com a de Severn. Assim, além de ser um volume indispensável para acompanhar o *Diário clínico* – o que, por si só, o consagra como um dos textos mais importantes da história da psicanálise – *The Discovery of the Self* abre uma janela para a transmissão intergeracional do trauma com perspectivas fascinantes para qualquer estudioso ou clínico psicanalítico.

Não há dúvida de que o fato de Ferenczi ter aceitado realizar uma análise mútua com Severn é um dos episódios mais controversos da história da psicanálise, sendo amplamente denunciado por comentadores conservadores. Na opinião de Glen O. Gabbard (1995), após a "impressionante série de violações de limites" (p. 1.122) que se seguiu quando Ferenczi aceitou em análise e, depois, se apaixonou por Elma Pálos, filha mais velha de sua amante Gizella Pálos (que era casada), ele "passou a se envolver em outras formas de violações de limites" ao iniciar uma análise mútua "com quatro pacientes americanas" (p. 1.125). Mesmo após ter sido alertado por Emanuel Berman (1997) de que deveria estar atento à "diferença crucial" entre "avaliar criticamente os métodos experimentais de tratamento e estigmatizá-los, *in toto*, como violações de limites" (p. 570), Gabbard (1997) manteve sua posição, reiterando que "considerar a análise mútua como algo diferente de uma violação de limites é um excesso de credulidade", pois a disposição de Ferenczi em participar de uma "inversão de papéis" constitui "uma exploração direta do paciente, na medida em que as necessidades do paciente são completamente subordinadas à necessidade de ajuda do analista" (pp. 571-72). Harold P. Blum (2004), sucessor de Kurt Eissler como diretor executivo dos Arquivos Sigmund Freud, concorda que Ferenczi se envolveu em uma "atuação flagrante e mutuamente destrutiva da transferência e contratransferência", o que é "evidente nos casos de 'análise mútua' com Clara Thompson, no início do diário clínico, e Elizabeth Severn, no final" (p. 11).

A primeira coisa a ser apontada são os erros factuais dos detratores de Ferenczi. A alegação de que Ferenczi realizou análise mútua com Thompson está longe de ser verdade, que dirá com quatro pacientes, e Thompson invejou Severn por ter recebido esse privilégio de Ferenczi. Gabbard (1995) novamente se equivoca ao afirmar que Ferenczi "abandonou a análise mútua" após "alguns meses" (p. 1.125). Certamente, o *Diário* documenta os conflitos de Ferenczi com relação à análise mútua, mas o fato de ele nunca tê-la abandonado é comprovado pelo registro final, datado de 2 de outubro de 1932, em que ele assinala o apreço de Severn pelo trabalho conjunto do par: "Espera da *minha* análise a compreensão dos fatores históricos e *pessoais* (inteiramente independentes dela) que determinam o meu comportamento com relação aos pacientes – e assim o desprendimento definitivo. O que a *subsistirá*, espera ela, é o reconhecimento *mútuo* 'deveras meritório' dessa performance recíproca de ter concluído com sucesso *semelhante caso*" (Ferenczi, 1990/1932, p. 262).

Embora esses erros revelem a inconfiabilidade desses arguidores, a questão crucial é se a análise mútua constituiu "uma exploração direta do paciente" pelo fato de que Ferenczi "subordinou completamente" as necessidades de Severn à sua própria "necessidade de ajuda". Ora, não se pode negar que Ferenczi ainda estava em busca da cura que não havia recebido de suas duas "análises" anteriores, por assim dizer, com Freud e Groddeck. De fato, ele admite que "obteve muito lucro" ao se tornar paciente de Severn. Mas o que os críticos ignoram é que, longe de "explorar" Severn, ao ceder temporariamente o papel de analista Ferenczi estava, na verdade, colocando as necessidades dela acima das suas. Como ele mesmo relata, foi pelo fato de Severn ter percebido nele "sentimentos de ódio" e passado a insistir que "a análise não progrediria nunca se eu não me decidisse a deixar que ela analisasse os sentimentos escondidos em mim", que ele resolveu "fazer o sacrifício", mas somente após "[resistir] durante cerca de um ano" (Ferenczi, 1990/1932, p. 137). É legítimo questionar o juízo de Ferenczi, mas não seus motivos, ou seja, fazer o que era do maior interesse de sua paciente, mesmo que isso demandasse um grande "sacrifício" de si mesmo. Como afirmou Anthony Bass (2015), "ele percebeu que sua paciente precisava lhe proporcionar a psicanálise de que ele precisava para lhe proporcionar a psicanálise de que ela precisava" (p. 12).

O triângulo amoroso entre Ferenczi, Gizella e Elma Pálos, um drama que se desenrolou em 1911 e 1912, precisa ser considerado como um episódio à parte de sua aposta com Severn duas décadas mais tarde, embora ambos costumem ser associados por aqueles que desejam acusá-lo. A réplica necessária foi oferecida por Berman:

> *Embora o envolvimento inicial de Ferenczi com Elma tenha sido, de fato, uma violação impulsiva e destrutiva dos limites, em que o analista perdeu o controle de sua tarefa terapêutica, a análise mútua – baseada nos anseios igualitários tão proeminentes na personalidade de Ferenczi, que de fato tiveram um certo papel em seu apaixonamento por Elma – é um experimento muito mais ponderado, deliberado e controlado, conduzido sob autocrítica contínua (Berman, 2004a, p. 53).*

Uma aparente conexão entre esses episódios é fornecida por Clara Thompson, que foi a razão da notória repreensão de Freud a Ferenczi, em dezembro de 1931, por sua "técnica do beijo", como pode ser visto quando Blum cita tanto Thompson quanto Severn como exemplos da "atuação flagrante e mutuamente destrutiva da transferência e contratransferência" de Ferenczi, ou quando Gabbard (1995) afirma que a "técnica de Ferenczi incluía beijar e abraçar a paciente" (p. 1.125). Embora não haja evidências de que Ferenczi tenha consumado relações sexuais com Elma, ele definitivamente cometeu, como aponta Berman, uma violação de limites de acordo com nossos padrões contemporâneos, como mostra uma carta de Elma para Michael Balint de 7 de maio de 1966:

> *Em suma, depois de algumas sessões, Sándor se levantou de sua cadeira atrás de mim, sentou-se no divã ao meu lado e, bastante emocionado, beijou-me por inteiro e disse apaixonadamente o quanto me amava e perguntou se eu também poderia amá-lo. Se era verdade ou não, não*

> *sei dizer, mas respondi "sim" e – espero – acreditei nisso* (apud *Berman, 2004b, p. 514).*

Além disso, em 19 de dezembro de 1917, Ferenczi admitiu a Freud que "cedeu a um beijo" em uma paciente "muito pobre, muito bonita e muito inteligente", um lapso que ele descreve como "a repetição do caso de Elma", que resultou em uma catástrofe quando essa outra jovem se suicidou com um tiro porque "queria amar *o homem* e não apenas *o médico* em mim" (Falzeder & Brabant, 1996, p. 253).

A conduta de Ferenczi nesses primeiros casos certamente não está isenta de qualquer reprovação. Contudo, sua integridade elementar é atestada pelo fato de que, mesmo com a paciente que cometeu suicídio, ele não tentou esconder o que havia acontecido. Tanto Freud quanto Gizella Pálos foram informados de sua confusão e ambivalência com relação a Elma e endossaram a decisão imprudente de Ferenczi de aceitá-la em análise. Mesmo em seus piores momentos, portanto, os lapsos de Ferenczi foram devidos à fraqueza, não à malevolência, e ele nunca se envolveu em "uma exploração direta do paciente". Se essa acusação deve ser feita contra alguém, deveria ser contra Freud, cuja conduta no "caso Frink" é um dos capítulos mais sórdidos da história da psicanálise. Em resumo, Horace Frink, um dos fundadores da Sociedade Psicanalítica de Nova York, fez análise com Freud por aproximadamente sete meses, em dois períodos, em 1921 e 1922. Enquanto estava em análise com Freud, Frink mantinha um caso amoroso com sua própria paciente, Angelika Bijur, uma herdeira de banco extremamente rica. Da mesma forma que Freud afastou Ferenczi de Elma e o conduziu para Gizella Pálos, de forma ainda mais repreensível ele incentivou Frink e Bijur, ambos casados, a se divorciarem de seus respectivos cônjuges e se casarem, o que aconteceu em 27 de dezembro de 1922. A mediação de Freud terminou com Frink consumido pela culpa em decorrência da morte da esposa que ele havia abandonado, Doris, em maio de 1923. Posteriormente, mergulhou em uma grande depressão, que o levou a repetidas tentativas de suicídio e hospitalizações à medida que seu casamento com Angelika se desintegrava. Na primavera de 1925, os adúlteros, antes extasiados, estavam divorciados.

Ao tolerar o adultério de Frink, Freud considerou como certo que ele envolvia relações sexuais com sua paciente. Freud escreveu para Thaddeus Ames, analista do indignado (com razão) Abraham Bijur, em 9 de outubro de 1921:

> *Tive que explicar a Frink quais eram suas dificuldades internas e não neguei que confiava no direito de todo ser humano de lutar pela gratificação sexual e pelo amor terno, caso visse uma maneira de alcançá-los, ambos os quais ele não havia encontrado com sua esposa. Quando ele começou a ficar inseguro, tive de tomar o partido de seus desejos recalcados e, dessa forma, tornar-me o defensor de seu desejo de divórcio e casamento com a Sra. B. [...] Portanto, para mim, foi um caso de amor digno* versus *convenção; ali meu interesse terminou e a situação não mudou desde então (*apud *Warner, 1994, p. 142).*

O que Freud define como uma escolha entre o "amor digno" e a "convenção" burguesa do casamento pode ser lido como uma apologia encoberta por ter tomado o partido de seus próprios "desejos recalcados" e lutado pela "gratificação sexual" em seu caso amoroso com Minna Bernays, em 1900; ademais, ele incitou os amantes presenteando-os com uma fotografia sua com a seguinte inscrição: "Para Angie *Frink*, em memória de seu velho amigo, Sigmund Freud, setembro de 1922" (p. 143), três meses antes de ela ter de fato assumido seu novo nome.

Embora o lado sexual dessa história seja sórdido o suficiente, o que é mais repreensível na conduta de Freud, como Angelika Frink veio a perceber, é que ele estava interessado no dinheiro dela. Suas segundas intenções foram reveladas em uma carta para Frink, de 17 de novembro de 1921:

> *Devo sugerir que sua ideia de que a Sra. Bijur perdeu parte de sua beleza pode ser compreendida como a perda de parte de seu dinheiro. Se assim for, estou certo de que ela recuperará sua atração. Sua queixa de que não consegue entender sua homossexualidade sugere que você ainda não está ciente de sua fantasia de me tornar um homem rico. Se tudo der certo, espero podermos transformar o presente imaginário em uma contribuição real para o fundo psicanalítico* (apud *Warner, 1994, p. 149).*

Aqui, Freud se mostra um verdadeiro patife. Ele assegura Frink de que sua percepção da beleza decadente de Angelika será milagrosamente revertida quando Frink a persuadir a fazer "uma contribuição real para o fundo psicanalítico", uma ação que teria o benefício colateral de permitir que Frink reconhecesse seu desejo recalcado de se submeter homossexualmente a Freud, gratificando sua "fantasia de me tornar um homem rico", também inconsciente.

Por uma reviravolta do destino, Angelika, além de pagar 100 mil dólares a Doris para induzi-la a concordar com o divórcio de Frink, havia subsidiado a análise de Frink com Freud, e posteriormente buscou análise com Ferenczi, sendo a paciente conhecida como "G." no *Diário clínico* (Brennan, 2015a). Entretanto, de acordo com a entrevista de Severn (1952) com Eissler, essa análise também não foi bem-sucedida. Angelika disse a Severn que estava "desapontada" com suas sessões com Ferenczi, que "causaram uma impressão muito ruim nela", enquanto Ferenczi, que estava, como sempre, "assustado com uma mulher inteligente", havia feito "todas as coisas erradas" com Angelika "porque estava incomodado e irritado" (p. 22).

Entretanto, em sua própria entrevista com Eissler (1952), não foi Ferenczi, mas sim Freud, quem Angelika Frink descreveu como "completamente egoísta" e "pronto para sacrificar qualquer ser humano em prol da análise", assim como foi Freud quem "estava interessado no dinheiro da Sra. Frink" (pp. 2-3). Sua queixa continuou: "A Sra. Frink acredita ser uma vítima da psicanálise, que Freud sabia racionalizar todos os erros que cometia. (...)Ela confiava nele por ser a autoridade superior, e não obteve nenhum benefício da genialidade de Freud" (p. 7). Quando comparamos o comportamento grosseiro e egoísta de Freud com Horace e Angelika Frink à análise mútua altruisticamente motivada de Ferenczi com Elizabeth Severn, é indiscutível qual deles deve ser considerado culpado de "exploração direta do paciente". De fato, Severn não apenas afirmou sua esperança de "um 'digno' reconhecimento *recíproco* de conquista mútua", mas, como ela escreve (1952) em uma nota anexada ao texto de sua entrevista com Eissler, *The Discovery of the Self* "substituiu, até certo ponto, os planos que Ferenczi e eu tínhamos para uma publicação mútua mais científica", e "ele leu o manuscrito antes de eu partir e o aprovou" (p. 24).

No mesmo registro de despedida do *Diário clínico* em que ele citou o apreço de Severn pelo "reconhecimento mútuo", Ferenczi faz a seguinte pergunta: "existe a necessidade de que cada caso seja objeto de mutualidade? E em que medida?" (Ferenczi, 1990/1932, p. 262). Sob o subtítulo "Mutualidade – *sine qua non*", ele pondera: "Quando a mutualidade foi alguma vez tentada em algum lugar, a unilateralidade deixa de ser possível – infecunda". Como Bass (2015) comentou, a aceitação do princípio da mutualidade está "no cerne do que torna a psicanálise relacional e distingue sua abordagem única de ouvir e implicar-se" (p. 14). Se Bass estiver correto, como acredito que esteja, a análise mútua de Ferenczi se torna o paradigma para a transição contemporânea para uma conceituação da clínica como um trabalho bipessoal, assim como a autoanálise de Freud foi paradigmática para a perspectiva unipessoal da teoria clássica. Paradoxalmente, esses dois eventos marcantes são, em um só tempo, atos fundamentais singulares e irreproduzíveis da psicanálise e fontes de contínua inspiração, que devem ser imitadas e revividas por cada um de nós que segue seus passos.

Se o experimento de Ferenczi com Severn for visto como um caso limite de uma dimensão indispensável de toda psicanálise, será possível justificar não apenas seus motivos, mas também seu juízo clínico. Consideremos os seguintes trechos dos "nove princípios das relações analíticas necessárias", de Steven Stern:

> 1 *Cada paciente e cada par analítico são* únicos; *portanto, a(s) relação(ões) necessária(s) que surge(m) em cada tratamento também é(são) única(s).*
>
> 2 *O* telos *do tratamento analítico é a* adequação progressiva *entre as necessidades terapêuticas em evolução do paciente e a relação que surge para atender a essas necessidades.*
>
> 3 *Alcançar a adequação progressiva significa* cocriar as condições terapêuticas *que melhor permitem que a paciente trabalhe e vá em direção aos seus objetivos terapêuticos/de desenvolvimento, em sua maioria implícitos, à medida que eles se atualizam e são articulados no ambiente analítico ao longo do tempo (Steven Stern, 2017, pp. 11-12).*

Em passagens subsequentes, ele escreve:

> *Enquanto em profissões como a medicina e o ensino espiritual, bem como em psicoterapias não relacionais, a relação entre as pessoas que oferecem e recebem tratamento ou orientação costuma ser vista como um* veículo *importante para*

> *fornecer a ajuda necessária, na psicanálise a relação analítica em si é o principal agente de tratamento (p. 19).*
>
> *Devido ao fato de as pessoas traumatizadas ao longo de seu desenvolvimento terem crescido em contextos definitivamente* inadequados *às suas necessidades de início de vida, suas expectativas relacionais (transferências) e adaptações de caráter fazem com que elas tendam a apresentar desconfiança, inexperiência, resistência e até mesmo destrutividade com relação à tendência natural de colaboração [inerente ao conceito de "adequação progressiva" introduzido pelo pesquisador e teórico da infância Lewis Sander] (p. 28).*
>
> *Meu conceito de relação necessária, bem com os conceitos de Sander de adequação e especificidade de reconhecimento e conexão, sugerem que os "agentes de mudança" são sempre únicos e específicos para cada par analítico, emergindo continuamente por meio da colaboração entre paciente e analista no contexto de seu campo analítico singular (p. 99).*
>
> *Em termos mais amplos, a participação de vanguarda da paciente é sinônimo de simplesmente fazer seu trabalho de ser uma paciente implicada. Do lado do analista, é o* impulso de curar psicanaliticamente *que fornece a motivação central para estar sempre buscando compreensões e formas de envolvimento progressivamente adequadas (p. 100).*
>
> *O que é transformador é a relação intersubjetiva total vivenciada (p. 172).*

Embora Ferenczi seja mencionado apenas *en passant* no livro de Stern, tudo o que ele diz aqui constitui um comentário minucioso – e uma justificativa implícita – da decisão de Ferenczi de empreender a análise mútua com Severn. Essa era a relação de que ela precisava, tendo surgido com o tempo, à medida que eles avançavam juntos em direção a uma "adequação progressiva" cada vez mais calibrada. Severn estava "fazendo seu trabalho de ser uma paciente implicada", embora seus graves traumas também a tornassem "destrutiva da tendência colaborativa natural", e Ferenczi era motivado, acima de tudo, pelo "*impulso de curar psicanaliticamente*" – embora isso tenha sido menosprezado por Freud como um "*furor sanandi*" ou uma "forma de 'fanatismo'" (p. 35). Foi a "relação analítica em si" que configurou "o principal agente de tratamento", tanto para Severn quanto para Ferenczi, e a "relação intersubjetiva total vivenciada" que foi "transformadora".

O *Diário clínico* de Ferenczi goteja seu afastamento de Freud e a articulação de um novo paradigma psicanalítico que o tornou a influência mais importante na teoria e prática relacionais contemporâneas. Esse feito foi alcançado nos escritos de seu último período, entre os quais se destacam seu artigo no Congresso de Oxford da Associação Psicanalítica Internacional de 1929, intitulado *O princípio de relaxamento e neocatarse* (1930), e seu artigo no Congresso de Wiesbaden de 1932, *Confusão de línguas entre os adultos e a criança: linguagem da ternura e da paixão* (1933a). O que sabemos hoje é que Severn foi sua parceira integral na efetivação dessa mudança de paradigma, tendo estabelecido seus princípios fundamentais com igual clareza e convicção em *The Discovery of the Self*. Seu livro, portanto, forma uma "publicação mútua" com o *Diário clínico*, não apenas por apresentar seu lado da história de seu relacionamento com Ferenczi, que culminou na análise mútua, mas também no sentido "científico" de expor suas convicções conjuntas sobre a teoria e o tratamento psicanalíticos.

A essência da revolução de Ferenczi e Severn no plano da teoria foi um retorno – e um aprofundamento incalculável – à eufemisticamente chamada "teoria da sedução" de Freud. Como o próprio Freud afirmou em 3 de setembro de 1932, em uma carta para sua filha Anna, após escutar Ferenczi ler em voz alta o trabalho que estava prestes a apresentar em Wiesbaden: "Ele fez uma regressão completa aos pontos de vista etiológicos em que eu acreditava e aos quais renunciei há 35 anos, de que os traumas sexuais graves da infância são a causa regular das neuroses" (Schröter, 2004, 2:829). O que Ferenczi e Severn propuseram pela primeira vez em um contexto psicanalítico foi, na realidade, uma teoria do *trauma* totalmente elaborada, e não uma teoria da "sedução"; e eles foram muito além de Freud ao se concentrarem, como Gianni Guasto (2013) apontou, não "na natureza sexual e no conteúdo do evento", mas sim na "angústia mortal, no choque psíquico" (p. 44) que aflige as vítimas de violência sexual e de outras formas de violência (incluindo o genocídio e todo tipo de trauma político ou coletivo). Guasto resume os efeitos devastadores dessas atrocidades na seguinte frase: "a perda da confiança básica".

Se o que leva as pessoas a buscarem a terapia analítica são as experiências traumáticas, e o trauma, por definição, possui uma qualidade avassaladora, então, para citar a afirmação injustamente difamada de Franz Alexander (1946), decorre que "o paciente, para ser ajudado, deve passar por uma experiência emocional corretiva que dê conta de reparar a influência traumática de experiências anteriores", e "isso só pode ser alcançado por meio da experiência real vivida na relação do paciente com o terapeuta; o entendimento intelectual por si só não é suficiente" (pp. 66-67). Em *Perspectivas da psicanálise* (1924), escrito em coautoria com Rank, Ferenczi prenuncia sua visão posterior ao enfatizar que é "absolutamente inevitável" que o paciente repita, durante a análise, "apenas as partes" de sua história primária "que não podem ser realmente vivenciadas a partir da memória, de modo que não há outro caminho aberto ao paciente que não o da repetição" (p. 3). Conforme a descrição de Severn desse corolário da ressuscitação da teoria do trauma em *The Discovery of the Self* (1933), a "condição *sine qua non* de uma análise bem-sucedida" é a "reprodução emocional e a lembrança", e uma "medida importante elaborada entre Ferenczi e eu no curso de minha longa análise com ele" é que, ao paciente, deve ser permitido "reviver, como se fosse *agora*, os eventos traumáticos de seu passado, auxiliado pela participação dramática do analista" (pp. 93-94).

Embora Ferenczi e Severn sejam os criadores da teoria do trauma em psicanálise, há um corpo formidável de literatura sobre o trauma amplamente ignorado pelos psicanalistas, que tem suas raízes no trabalho de Pierre Janet, que, de acordo com Bessel van der Kolk (2014), deve ser considerado "o verdadeiro herói desta história" (p. 180). Como escreveu Henri Ellenberger:

> *Janet argumentou que certos sintomas histéricos podem estar relacionados à existência de partes cindidas da personalidade (ideias fixas subconscientes), dotadas de vida e desenvolvimento autônomos. Ele mostrou sua origem em eventos traumáticos do passado e a possibilidade de cura dos sintomas histéricos por meio da descoberta e da dissolução subconsciente desses sistemas psicológicos subconscientes (Henri Ellenberger, 1970, p. 361).*

É impossível ler o resumo das contribuições de Janet sem se lembrar de Freud. De fato, na "Comunicação preliminar" de 1893 para os *Estudos sobre a histeria* (1895), de autoria conjunta com Breuer, Freud aderiu à visão, derivada de Janet, de que uma "cisão da consciência [...] existe de maneira rudimentar em toda histeria, e que a tendência a essa dissociação e, com isso, ao aparecimento de estados anormais de consciência [...] é o fenômeno fundamental dessa neurose" (p. 31).

Mas se Janet foi vítima de uma amnésia coletiva por parte dos psicanalistas, isso se deve ao fato de que, mesmo antes da publicação de *Estudos sobre a histeria*, Freud havia abandonado a estrutura que ele e Breuer haviam estabelecido dois anos antes na "Comunicação preliminar", substituindo-a por uma teoria da mente baseada no recalque de impulsos instintivos endógenos. Antes de Freud descartar a teoria do trauma, como observou Onno van der Hart (2016), ele já havia descartado a teoria da dissociação, e esses dois aparentes avanços foram, na realidade, perdas profundas para a psicanálise.

Apesar das tentativas de Freud de banir Janet da consciência psicanalítica, há uma ilustre linhagem de autores, desde Breuer, passando por Fairbairn e Sullivan, até Donnel Stern e Philip Bromberg, que desenvolveram e ampliaram o legado de Janet. Como Bromberg (1998) eloquentemente escreveu, "é difícil não imaginar o fantasma de Pierre Janet, banido do castelo há um século, retornando para finalmente assombrar os descendentes atuais de Freud" (p. 189); sobre Sullivan, ele acrescenta que sua "teoria das relações interpessoais, reduzida a seus fundamentos, é [...] uma teoria da organização dissociativa da personalidade em resposta ao trauma" (p. 215). Fairbairn (1949) também é certeiro quando declara que "uma teoria da personalidade baseada na concepção da divisão do ego parece ser mais fundamental do que uma teoria baseada na concepção de Freud do recalque de impulsos por um ego não dividido" (p. 159). Fairbairn continua:

> *A teoria que eu imagino é, obviamente, adaptada para explicar manifestações extremas, como as encontradas em casos de personalidade múltipla; mas, como Janet apontou, essas manifestações extremas são apenas exemplos exagerados dos fenômenos de dissociação característicos da histeria. Assim, se implementamos o* slogan *"De volta à histeria", nos deparamos com o próprio fenômeno de cisão no qual minha teoria do recalque se baseia.*

Fairbairn merece imenso crédito não apenas por reconhecer a continuidade dos fenômenos dissociativos – desde a panóplia comum de estados de *self*, de um lado, até as personalidades múltiplas completas, de outro –, mas talvez ainda mais por reconhecer que sua teoria das relações objetais deve a Janet pelo menos tanto quanto deve a Freud.

Vinda de uma tradição americana, Severn demonstra uma profunda compreensão dos fenômenos dissociativos, não apenas por sua própria experiência como sobrevivente de um trauma, mas também a partir de sua leitura de Morton Prince, cuja obra *The Dissociation of a Personality* (A dissociação de uma personalidade) (1906) ela cita já em seu primeiro livro, *Psycho-Therapy: Its Doctrine and Practice* ("Psicoterapia: doutrina e prática", 1913). Nele, Severn escreve que o "distúrbio da coerência da mente é chamado de dissociação pelos psicólogos e, embora provavelmente esteja presente em todos em algum grau, leva, em casos extremos, a uma completa anestesia de certas partes ou faculdades, ou a fenômenos como a dupla personalidade" (pp. 62-63). Em seu segundo livro, *The Psychology of Behaviour* (A psicologia do comportamento, 1917), ela reitera: "O maior perigo para a personalidade é o da *dissociação*. Em sua forma extrema, temos personalidades múltiplas ou alternadas, em que uma fase emerge com tal força e vivacidade que temporariamente, ou talvez por um longo período, encobre as outras por completo" (pp. 335-36).

Desde o início de sua carreira como psicoterapeuta, portanto, é evidente que Severn havia alcançado uma posição teórica notavelmente presciente, que Ferenczi alcançaria apenas em seu período final, graças, em grande parte, à influência intelectual e pessoal de Severn. Com isso, por meio de sua colaboração ao longo de oito anos, Ferenczi e Severn deram origem à teoria do trauma na psicanálise, ao mesmo tempo em que formularam um modelo da mente baseado (nas palavras de Fairbairn) na "divisão do ego" e nos "fenômenos dissociativos", em vez da "concepção de Freud do recalque de impulsos por um ego não dividido". Essa revolução no plano da teoria caminha junto com a mudança para uma abordagem totalmente bipessoal e intersubjetiva da prática clínica.

Em sua introdução à minha edição de *The Discovery of the Self*, Adrienne Harris e Lewis Aron (2017) citam nosso colega Christopher Fortune (1993), para quem "Severn pode ter sido a primeira analisanda abusada sexualmente cujo trauma real de infância foi o foco do tratamento psicanalítico, desde que Freud abandonou sua teoria da sedução no final da década de 1890" (p. xii; Fortune, 1993, p. 102). A precursora de Severn nesse aspecto é Emma Eckstein, a paciente central tanto na adoção inicial da teoria da "sedução" por Freud quanto em seu repúdio subsequente a ela, que, conforme estabelecido pela pesquisa de Carlo Bonomi (2015a), compartilhava com Severn um histórico de abuso sexual grave na infância. Entretanto, como Severn não sofreu apenas abuso sexual, físico e emocional, mas, em consequência, sofria do que hoje seria classificado como um transtorno dissociativo de identidade (Brenner, 2016), isso também faz dela o avatar de Bertha Pappenheim, mais conhecida como Anna O., a paciente com quem, como Freud (1910) declarou em suas palestras na Clark University, não ele, mas Breuer, "trouxe a psicanálise à existência" (p. 9). Assim, ao retificar os dois erros de percurso de Freud – seus sucessivos abandonos da teoria da dissociação e do trauma –, a análise de Severn com Ferenczi simultaneamente associou seu destino a essas duas mulheres lendárias da história da psicanálise.

A constatação de que Severn, além de ser a principal paciente do *Diário clínico*, inverteu o jogo ao incluir um relato de caso disfarçado de Ferenczi em *The Discovery of the Self*, permite que ela emerja como um sujeito por direito próprio. Em sua escrita, podemos ouvir a voz da paciente que muitas vezes se perdeu na psicanálise, como aconteceu com Bertha Pappenheim, Emma Eckstein e Ida Bauer – a "Dora" do primeiro relato de caso completo de Freud (1905a), cujo único recurso à tentativa tragicamente equivocada de culpá-la pelo abuso sexual do qual ela era, na realidade, vítima, foi sair pela porta, de modo que tudo o que resta agora é a versão *dele* da história. Ao mesmo tempo, no entanto, como Severn também inclui seu próprio relato de caso, bem como o de sua filha, em *The Discovery of the Self*, seu livro se insere na venerável tradição analítica – que se estende de Freud e Ferenczi a Horney e Kohut – de autobiografia encoberta, ao mesmo tempo em que emprega material das análises de um colega e de um membro da família. Entretanto, como sabemos que Ferenczi "viu" e "aprovou" o manuscrito de *The Discovery of the Self* – como Margaret também deve ter feito –, Severn merece ser elogiada por não se aventurar a publicar o livro sem garantir o consentimento informado de, pelo menos, esses dois pacientes mais diretamente afetados.

Frequentemente, encontramos referências ao relacionamento entre Freud e Ferenczi como um "diálogo", principalmente nos influentes André E. Haynal e Ernst Falzeder (1991): "Era um *diálogo*, era amizade; mais ainda, era 'uma comunidade íntima de vida, sentimentos e interesses'" (p. 4). Até mesmo Balint (1968), que se acredita ter sido o principal defensor de Ferenczi, acaba atuando como um defensor de Freud ao fazer a leitura drasticamente errônea de que, em uma exceção "muito rara" ao seu comportamento normal, Freud se tornou "um tanto insensível" quando viu Ferenczi "escorregando para o mesmo pântano do qual ele [Freud] só conseguiu escapar com um esforço supremo" (p. 150) quando repudiou a teoria da "sedução", em 1897. De fato, na visão de Balint, Ferenczi, "por causa de sua própria incerteza, não pôde fazer uso das críticas bem-intencionadas e bem fundamentadas de Freud; ele viu nelas apenas falta de compreensão" (p. 152).

O problema dessa linha de argumentação é demonstrado por um olhar mais atento à citação inserida por Haynal e Falzeder em sua frase. Ela é extraída da penúltima carta de Freud a Ferenczi, datada de 11 de janeiro de 1933, e é de fato muito comovente. O que Haynal e Falzeder deixam de mencionar, entretanto, é que Freud continua declarando: "Quando tenho de evocar isso da memória hoje, o que me resta como consolo é apenas *a certeza de que contribuí muito pouco para essa mudança*" (Falzeder & Brabant, 2000, p. 446; grifo nosso). Freud não apenas passa a considerar essa "comunidade íntima de vida, sentimentos e interesse" como uma coisa do passado, como também insiste que "contribuiu muito pouco" para o rompimento que surgiu entre ele e Ferenczi. Mesmo quando se mostra nostálgico, Freud culpa Ferenczi unilateralmente pelo distanciamento entre eles e é incapaz de imaginar que ele poderia ter se beneficiado ao exibir até mesmo uma pitada daquela "capacidade de humildade" que, como Ferenczi observou de si mesmo no *Diário*, ele havia "desenvolvido em um grau excepcional" justamente "*em oposição a Freud*".

Ao avaliar a relação entre Freud e Ferenczi, Balint (1968) se apresenta como um mediador criterioso entre as "declarações fictícias" (p. 149) de Erich Fromm, de um lado, e Jones, de outro. Diz-se que o primeiro descreve Freud como "um autocrata implacável, um ditador", enquanto o segundo descreve Ferenczi como "um manipulador mesquinho e covarde". De acordo com Balint, no entanto, "todas as monstruosidades alegadas são totalmente falsas; o que elas mostram é a diferença entre a grandeza das vítimas e a mesquinhez de seus caluniadores". Mas essa visão das coisas é gravemente equivocada, revelando que Balint é oportunista quando é necessário assumir uma posição baseada em princípios.

Jones, vale enfatizar, de fato *é* um "caluniador" que, no terceiro volume (1957) de sua biografia de Freud, injetou na corrente sanguínea psicanalítica a absurda calúnia de que, como Rank, Ferenczi "no final de sua vida desenvolveu manifestações psicóticas que se revelaram, dentre outras formas, em um afastamento de Freud e de suas doutrinas" (p. 45). No entanto, nada poderia estar mais distante da verdade do que o que Balint diz sobre Fromm, cuja obra *A missão de Freud* (1959) foi um corretivo necessário para a hagiografia de Jones, oferecendo a análise mais lúcida do autoritarismo de Freud de que temos registro. Fromm fez, com coragem e lucidez, o que Balint não conseguiu fazer com suas capitulações temerosas disfarçadas de imparcialidade. Já em 1935, apenas dois anos após a morte de Ferenczi e enquanto Freud ainda estava vivo, Fromm teve a perspicácia de discernir que eles encarnavam alternativas radicalmente divergentes para o futuro da psicanálise: "*O exemplo de Ferenczi mostra [...] que a atitude freudiana não precisa ser a de todos os analistas*" (p. 163; grifo nosso). Não há nada de "falso" na crítica de Fromm (1959) de que, ao passo que Freud "era um pai amoroso de filhos submissos", ele se tornou "severo e autoritário para aqueles que ousavam discordar" (p. 71), e não há nada de "mesquinho" em seu reconhecimento de que "o exemplo mais drástico da intolerância e do autoritarismo de Freud pode ser encontrado em seu relacionamento com Ferenczi" (p. 68).

Assim como se acredita amplamente que Freud e Ferenczi estabeleceram um "diálogo", não é menos frequente escutar que a análise mútua de Ferenczi com Severn foi um *enactment* deplorável, por ter constituído, nas palavras de Gabbard, "uma exploração direta do paciente". Se, no entanto, estivermos preparados para considerar a profunda observação de Donnel Stern (2010) de que "o *enactment* pode ser definido como a interrupção de uma conversa verdadeira" (p. xvi), então a sabedoria convencional deve ser questionada. Apesar da turbulência, o relacionamento entre Ferenczi e Severn sempre permaneceu sendo uma "conversa verdadeira", pois até mesmo os "*enactments*" faziam parte de um "movimento em direção a uma maior adequação e complexidade" – um movimento possibilitado pela capacidade de Ferenczi de "*encontrar* o paciente 'no *enactment*'", o que permitia que eles avançassem em direção a uma "maior especificidade de reconhecimento e conexão". Da mesma forma, o que pode parecer, à primeira vista, ter sido o "diálogo" entre Freud e Ferenczi foi, na realidade, um *enactment* maciço. Isso pode não ter sido óbvio no início, quando, por exemplo, em uma carta a Freud, em 26 de dezembro de 1912, Ferenczi critica Jung por uma tentativa hesitante de fazer o que ele mesmo faria a todo vapor vinte anos depois:

> *A análise mútua é um absurdo e também uma impossibilidade. Todos devem estar preparados para tolerar uma autoridade sobre si mesmos, da qual aceitam a correção analítica. Eu também passei por um período de rebeldia contra seu "tratamento". Agora, me tornei perspicaz e percebo que você estava certo em tudo (Brabant et al., 1993, p. 449).*

Essa passagem, extremamente irônica, corrobora a tese de Fromm de que Freud era um "pai amoroso" apenas para seus "filhos submissos", já que a alegação de Ferenczi de ter "se tornado perspicaz" por ter se recuperado de seu "período de rebeldia" e agora ser capaz de discernir que Freud estava "certo em tudo" é, na realidade, uma prova de sua cegueira e uma rendição patética de sua independência intelectual. Essa docilidade foi uma precondição para a associação de Ferenczi com Freud, e quando Ferenczi despertou para o quanto havia sofrido ao tentar aplacar a "intolerância e o autoritarismo" de Freud, Freud se metamorfoseou no "autocrata implacável" e no "ditador", cuja existência é negada por Balint.

Durante o período final de Ferenczi, quando ele conseguiu enxergar a verdade sobre Freud, o relacionamento entre eles evoluiu a ponto de não ser mais o que Donnel Stern (2010) chama de "*enactment* mútuo", mas sim um relacionamento em que, "diante do *enactment* de uma pessoa, a outra pessoa na interação consegue responder de uma forma que reconhece a dissociação sem responder a partir de uma dissociação de si próprio. O analista que não está preso em um *enactment* recíproco é capaz de mentalizar sua própria experiência" (pp. 15-16). Desde o início, Ferenczi desejava nada mais do que uma "conversa verdadeira" com Freud, mas por muito tempo ele ficou preso na "interpersonalização da dissociação" (p. 14) que Freud exigia de seus seguidores leais. Somente no fim de sua vida, Ferenczi foi capaz de "reconhecer a dissociação" que emanava de Freud e se emancipar dela. Por sempre tentar ouvir e não responder defensivamente, mesmo às críticas mais injustas de Freud, Ferenczi foi capaz de "mentalizar sua própria experiência" e, com a ajuda de Severn, legar um novo paradigma para a psicanálise.

Uma afirmação de Balint (1968) inquestionavelmente verdadeira, no entanto, é que "o evento histórico do desentendimento entre Freud e Ferenczi agiu como um trauma no mundo psicanalítico" (p. 152). O conflito entre ambos foi traumático para os dois homens, pessoalmente, e tornou-se um trauma para o "mundo psicanalítico" na medida em que as contribuições de Ferenczi foram marginalizadas por mais de meio século, enquanto o nome de Severn foi totalmente apagado do registro histórico. Da mesma forma que a experiência traumática, como escreveu Werner Bohleber (2010), "forma uma espécie de corpo estranho dissociado na rede psíquico-associativa" (p. 127) de um indivíduo, a teoria do trauma também funcionou como um "corpo estranho dissociado na rede psíquico-associativa" da psicanálise. Essa analogia é elaborada por Bennett Simon:

> *Praticamente desde o início, pode-se falar de um "cérebro dividido", um corte mental do corpo caloso metafórico que conecta os dois hemisférios do conhecimento psicanalítico. Como a defesa que as vítimas de incesto frequentemente aprendem a adotar, a psicanálise conhece e desconhece, simultaneamente ou de forma oscilante, o papel do incesto real e do trauma infligido por um adulto (Bennett Simon, 1992, p. 962).*

Ao ousar promulgar sua teoria do trauma e modificar sua técnica terapêutica de acordo com ela, Ferenczi incorreu na ira de Freud e se tornou vítima de abuso emocional. Freud, é claro, não sabia da existência do *Diário clínico*, nem Ferenczi jamais o informou sobre sua odisseia analítica com Severn. Ao procurar preservar uma zona de privacidade para seu trabalho com Severn e outras vítimas de trauma, Ferenczi ilustra a verdade da observação de Judith Lewis Herman:

> *Muitos terapeutas que tratam de sobreviventes optam por se retirar em vez de se envolver em um debate que parece infrutífero. Sua prática se torna clandestina. Divididos, como seus pacientes, entre a ortodoxia oficial de sua profissão e a realidade de sua própria experiência, eles optam por honrar a realidade às custas da ortodoxia. Eles começam, como seus pacientes, a manter uma vida secreta (Judith Lewis Herman, 1992, p. 152).*

Ferenczi realmente saiu do radar de Freud e optou por "honrar a realidade" de sua experiência com os pacientes quando isso não podia ser conciliado com a "ortodoxia oficial" da psicanálise. Mesmo antes de suas divergências com Freud começarem a vir à tona em seu artigo para o Congresso de Oxford, quando ele tentou desempenhar o papel de "filho submisso", convencendo-se de que Freud estava "certo em tudo", o relacionamento entre os dois teve um grande impacto sobre Ferenczi. De fato, por duas décadas ele se sustentou na simbiose entre o "narcisismo traumático" de Freud (Shaw, 2014) e a "acomodação patológica" de Ferenczi (Brandchaft et al., 2010). Essa opressão causou um "complexo transtorno de estresse pós-traumático" em Ferenczi, do qual ele tentou se recuperar com a ajuda, inicialmente, de Groddeck, que se mostrou incapaz de realizar a tarefa, e, por fim, de Severn. De acordo com Herman (1992), que introduziu a categoria diagnóstica do transtorno de estresse pós-traumático (TEPT) complexo, essa condição resulta de "um histórico de sujeição ao controle totalitário durante um período prolongado" e seus sintomas incluem "raiva explosiva ou extremamente inibida", "sexualidade compulsiva ou extremamente inibida", "amnésia ou hipermnésia de eventos traumáticos", "episódios dissociativos transitórios", "preocupação com o relacionamento com o agressor", "idealização ou gratidão paradoxal", "senso de relacionamento especial ou sobrenatural" e "aceitação do sistema de crenças ou racionalizações do agressor" (p. 121), cada um dos quais tendo sido exibido por Ferenczi em abundância. Assim como Steven Stern nos forneceu uma estrutura para conceituar o relacionamento de Ferenczi com Severn, Herman nos dá o vocabulário de que precisamos para entender o relacionamento com Freud, que foi sua contraparte trágica. Entretanto, como as origens desse último estão nas experiências infantis dos dois homens, o que eles dolorosamente vivenciaram juntos deveria ser descrito, mais precisamente, como uma retraumatização.

A escolha entre Freud e Ferenczi como modos de pensamento psicanalítico se resume a uma escolha entre autoritarismo e humanismo. Durante sua viagem aos Estados Unidos em 1909, Freud interrompeu a tentativa de Jung de interpretar um de seus sonhos (relacionado ao triângulo amoroso com sua esposa e cunhada) com as fatídicas palavras: "Eu poderia lhe dizer mais, mas *não posso arriscar minha autoridade*" (*apud* Billinsky, 1969, p. 42; grifo nosso); após o início de seu câncer de palato, em 1923, ele rejeitou as súplicas de Groddeck e Ferenczi para que pudessem ajudá-lo analiticamente. Como Ferenczi escreveu a Freud em 26 de fevereiro de 1926: "Talvez esta seja a ocasião em que eu possa lhe dizer que, *na verdade, acho trágico que você*, que dotou o mundo com a psicanálise, ache tão difícil estar – e de fato não está, de forma alguma – na posição de confiar-se a alguém" (Falzeder & Brabant, 2000, grifo nosso).

No plano da teoria, a consequência lógica do posicionamento de Freud pode ser encontrada na declaração de Peter Fonagy e Mary Target (1997) de que "Só pode haver *realidade psíquica* por trás das memórias recuperadas – se há verdade e realidade histórica *não é assunto nosso como psicanalistas e psicoterapeutas*" (p. 216; grifo nosso). A posição de Ferenczi, por outro lado, subtende a convicção de

Daniel Stern (1985) de que "os bebês, desde o início, *experimentam principalmente a realidade*", o que significa que "a sequência genética usual deve ser invertida" e "*a experiência da realidade precede as distorções da fantasia no desenvolvimento*" (p. 12; grifo nosso). Esse não é um mero "dueto contrapontístico", mas uma clivagem ontológica com repercussões clínicas de longo alcance.

Espero tê-los persuadido de que precisamos retornar a um modelo da mente fundamentado no trauma e na dissociação caso a própria psicanálise queira passar por seu renascimento, de São Paulo a Teerã, no século XXI.

## *Referências*

Alexander, F. (1946). The Principle of Corrective Emotional Experience. InF. Alexander, T. M. French et al. (eds.), *Psychoanalytic Therapy: Principles and Application*. New York: Ronald Press, pp. 66–70.

Aron, L. & Harris, A. (1993). *The Legacy of Sándor Ferenczi*. Analytic Press.

Balint, M. (1968). *The Basic Fault: Therapeutic Aspects of Regression* (p. 149-150). Tavistock.

Bass, A. (2015). The Dialogue of Unconsciouses: Mutual Analysis and the Uses of the Self in Contemporary Relational Psychoanalysis. *Psychoanalytic Dialogues*, 25, 2-17.

Berman, E. (1997). Mutual Analysis: Boundary Violation or Failed Experiment? *Journal of the American Psychoanalytic Association*, 45, 569-71.

______________. (2014). *Impossible Training: A Relational View of Psychoanalytic Education* (p. 53, 514). Routledge. (Trabalho original publicado em 2004a)

Billinsky, J. M. (1969). Jung and Freud (The End of a Romance). *Andover Newton Quarterly*, *10*, 39-43.

Blum, H. P. (2004). The Wise Baby and the Wild Analyst. *Psychoanalytic Psychology*, *21*, 3-15.

Bohleber, W. (2010). *Destructiveness, Intersubjectivity, and Trauma: The Identity Crisis of Modern Psychoanalysis*. Karnac Books.

Bonomi, C. (2015a). *The Cut and the Building of Psychoanalysis, Volume 1: Sigmund Freud and Emma Eckstein*. Routledge.

Brabant, E. et al. (1993). *The Correspondence of Sigmund Freud and Sándor Ferenczi. Volume 1, 1908–1914*. Trans. Peter T. Hoffer. Cambridge, MA: Harvard University Press. German edition: *Sigmund Freud–Sándor Ferenczi Briefwechsel. Band I/1.1908–1911*. Böhlau Verlag.

Brandchaft, B. et al. (2010). *Toward na Emancipatory Psychoanalysis: Brandchaft's Intersubjective Vision*. Routledge.

Brennan, B. W. (2015a). Decoding Ferenczi's Clinical Diary: Biographical Notes. *American Journal of Psychoanalysis*, *75*, 5-18.

Brenner, I. (2016). A Psychoactive Therapy of DID: A Multiphasic Model. *In E. Howell & S. Itzkowitz, The Dissociative Mind in Psychoanalysis Understanding and Working With Trauma. Routledge*, 210-20.

Breuer, J. & Freud, S. (2016). *Estudos sobre a histeria (1893-1895)*. (Obras Completas, Vol. 2). Companhia das Letras.

Bromberg, P. (2001). *Standing in the Spaces: Essays on Clinical Process, Trauma, and Dissociation*. Psychology Press. (Trabalho original publicado em 1998)

Ellenberger, H. F. (1970). *The Discovery of the Unconscious: The History and Evolution of Dynamic Psychiatry*. Basic Books.

Fairbairn, W. R. D. (1952). Steps in the Development of an Object-Relations Theory of the Personality. In: W. R. D. Fairbairn,

*Psychoanalytic Studies of the Personality* (pp. 152-61). Routledge. (Trabalho original publicado em 1949)

Fairbairn, W. R. D. (1952). *Psychoanalytic Studies of the Personality*. London: Routledge, 1986.

Falzeder, E. (2015). *Psychoanalytic Filiations: Mapping the Psychoanalytic Movement*. Karnac Books.

Falzeder, E. & Brabant, E. (2000). *The Correspondence of Sigmund Freud and Sándor Ferenczi*. (Vol. 3, 1920-1933, p. 160, 446). (Trans. Peter T. Hoffer.) Harvard University Press.

Ferenczi, S. (1993). Perspectivas da psicanálise. In S. Ferenczi, *Psicanálise III* (Obras completas de Sándor Ferenczi, Vol. 3). Martins Fontes. (Trabalho original publicado em 1924c)

Ferenczi, S. (1992). Princípio de relaxamento e neocatarse. In: S. Ferenczi, *Psicanálise IV* (Obras completas de Sandor Ferenczi, Vol. 4). Martins Fontes. (Trabalho original publicado em 1930)

Ferenczi, S. (1990/1932). *Diário clínico*. Martins Fontes.

Ferenczi, S. (1992). Confusão de língua entre os adultos e a criança. In: S. Ferenczi, *Psicanálise IV* (Obras completas de Sandor Ferenczi, Vol. 4). Martins Fontes. (Trabalho original publicado em 1933a)

Fonagy, P. & Target, M. (1997). Perspectives on the Recovered Memory Debate. In J. Sandler & P. Fonagy. (Eds.) *Recovered Memories of Abuse: True or False?* (pp. 183-216). Karnac Books.

Fortune, C. (1993). The Case of "RN": Sándor Ferenczi's Radical Experiment in Psychoanalysis. In: L. Aron & A. Harris, *The legacy of Sándor Ferenczi* (pp. xii, 101-20).

Freud, S. (2013). Cinco lições de psicanálise. In: S. Freud, *Observações sobre um caso de neurose obsessiva ["O homem dos ratos"], uma recordação de infância de Leonardo Da Vinci e outros textos*

(Obras Completas, Vol. 9). Companhia das Letras. (Trabalho original publicado em 1910)

Fromm, E. (1935). The Social Determinants of Psychoanalytic Therapy. (Trans. Ernst Falzeder with Caroline Schwarzacher). *International Forum of Psychoanalysis*, 9(2000), 149-65. (Trabalho original publicado em 1935)

_____________. (1963). *Sigmund Freud's Mission: An Analysis of His Personality and Influence*. Grove Press. (Trabalho original publicado em 1959)

Gabbard, G. O. (1995). The Early History of Boundary Violations in Psychoanalysis. *Journal of the American Psychoanalytic Association*, *43*, 1115-36.

_____________. (1997). Letter: Glen O. Gabbard Replies. *Journal of the American Psychoanalytic Association*, *45*, 571-72.

Guasto, G. (2013). Trauma and the Loss of Basic Trust. *International Forum of Psychoanalysis*, 23, 44-49.

Harris, A. & Aron, L. (2017). The Work of Elizabeth Severn: An Appreciation. In: E.Severn, *The Discovery of the Self: A Study in Psychological Cure*, pp. xii–xviii.

Haynal, A. E. & Falzeder, E. (1991). Healing through Love? A Unique Dialogue in the History of Psychoanalysis. In E.Falzeder, *Psychoanalytic Filiations: Mapping the Psychoanalytic Movement*, pp. 3-18.

Herman, J. L. (1996). *Trauma and Recovery*. Basic Books. (Trabalho original publicado em 1992)

Howell, E. F. & Itzkowitz, S. (2016). *The Dissociative Mind in Psychoanalysis: Understanding and Working with Trauma*. Routledge.

Jones, E. (1957). *The Life and Work of Sigmund Freud: Vol. 3, The Last Phase, 1919-1939* (p. 45). Basic Books.

Prince, M. (1913). *The Dissociation of a Personality: A Biographical Study in Abnormal Psychology*. 2nd ed. Longmans, Green. (Trabalho original publicado em 1906)

Schröter, M. (2004). *Sigmund Freud – Max Eitingon. Briefwechsel 1906-1939* (2 Vols., Vol. 2, p. 829). Tübingen: edition diskord.

Severn, E. (1914). *Psycho-Therapy: Its Doctrine and Practice*. 2nd ed. Rider and Son. University of California Library reprint. (Trabalho original publicado em 1913)

_____________. (1917). *The Psychology of Behaviour: A Practical Study of Human Personality and Conduct with Special Reference to Methods of Development*. Dodd, Mead. Kessenger Legacy Reprints.

_____________. (2017). *The Discovery of the Self: A Study in Psychological Cure*. Editado por Peter L. Rudnytsky. Routledge. (Trabalho original publicado em 1933)

_____________. (1952). Interview with Kurt R. Eissler. December 20. Freud Archives. Library of Congress, Washington, DC. 24 pp. Unpublished.

Shaw, D. (2014). *Traumatic Narcissism: Relational Systems of Subjection*. Routledge.

Simon, B. (1992). Incest – See under Oedipus Complex: The History of an Error in Psychoanalysis. *Journal of the American Psychoanalytic Association*, *40*, 955-88.

Stern, D. N. (1985). *The Interpersonal World of the Infant: A View from Psychoanalysis and Developmental Psychology*. Basic Books.

_____________. (2010). *Partners in Thought: Working with Unformulated Experience, Dissociation, and Enactment*. Routledge.

Stern, S. (2017). *Needed Relationships and Psychoanalytic Healing: A Holistic Relational Perspective on the Therapeutic Process*. Routledge.

Van der Hart, O. (2016). Pierre Janet, Sigmund Freud, and Dissociation of the Personality: The First Codification of a Psychodynamic Depth Psychology. In E.Howell & S.Itzkowitz, *The Dissociative Mind in Psychoanalysis: Understanding and Working with Trauma*. (pp. 44–56).

Van der Kolk, B. (2015). *The Body Keeps the Score: Brain, Mind, and Body in the Healing of Trauma*. Penguin Books. (Trabalho original publicado em 2014)

Warner, S. L. 1994. Freud's Analysis of Horace Frink, M.D.: A Previously Unexplained Therapeutic Disaster. *Journal of the American Academy of Psychoanalysis and Dynamic Psychiatry*, 22, 137-52.

# Sobre os autores

**Daniel Kupermann** é psicanalista, professor livre-docente do Instituto de Psicologia da Universidade de São Paulo e pesquisador bolsista do CNPq - Brasil. Lecionou como professor convidado em universidades na Europa e nos Estados Unidos. É vice-presidente da International Sándor Ferenczi Network e membro do Grupo Brasileiro de Pesquisas Sándor Ferenczi. É autor de vários livros e artigos publicados em periódicos científicos no Brasil e no exterior, com destaque para o livro *Por que Ferenczi?* (Zagodoni), também publicado em inglês e em francês.

**Eugênio Canesin Dal Molin** é psicanalista, doutor pelo Instituto de Psicologia da Universidade de São Paulo (IP-USP) e membro do Departamento de Psicanálise do Instituto Sedes Sapientiae. É coordenador do conselho diretivo do Grupo Brasileiro de Pesquisas Sándor Ferenczi (GBPSF) e professor dos cursos de Especialização em Teoria Psicanalítica da PUC-SP e de Psicopatologia e Saúde Pública da Santa Casa de São Paulo. Escreveu *O terceiro tempo do trauma* (Perspectiva) e coorganizou *Ferenczi: inquietações clínico-políticas* e *Ferenczi: pensador da catástrofe* (Zagodoni).

**Jô Gondar** é psicanalista, doutora pela PUC-Rio, pós-doutora pela USP e pela Universidad de Deusto. É professora titular da Unirio e membro efetivo do Círculo Psicanalítico do Rio de Janeiro. Membro fundador do Grupo Brasileiro de Pesquisas Sándor Ferenczi (GBPSF). Escreveu, com Eliana Reis, *Com Ferenczi: clínica, subjetivação, política* (7Letras) e *Com Ferenczi: o coletivo na clínica – racismo, fragmentação, transições*. Coorganizou *Ferenczi: inquietações clínico-políticas* e *Ferenczi: pensador da catástrofe* (Zagodoni).

**Joel Birman** é psicanalista, membro do Espaço Brasileiro de Estudos Psicanalíticos, do Espace Analytique de Paris e membro emérito do Grupo Brasileiro de Pesquisas Sándor Ferenczi. É pesquisador do CNPq, diretor de estudos em Letras e Ciências Humanas da Universitè Paris VII, professor do programa de pós-graduação em teoria psicanalítica da UFRJ, professor titular da UFRJ e professor adjunto do Instituto de Medicina Social da UERJ.

**Julio Sergio Verztman** é psicanalista, psiquiatra e membro do Grupo Brasileiro de Pesquisas Sándor Ferenczi. É professor do Programa de Pós-Graduação em Teoria Psicanalítica (IP-UFRJ) e do Mestrado Profissional em Atenção Psicossocial (IPUB-UFRJ); coordenador no NEPECC, autor de *Tristeza e depressão: pensando nos problemas da vida* (Vozes) e organizador de *Sofrimentos narcísicos* (Cia. de Freud), *De Narciso a Sísifo: os sintomas compulsivos hoje* (Blucher) e *O público na psicanálise* (Appris).

**Luís Claudio Figueiredo** é psicanalista, membro do Círculo Psicanalítico do Rio de Janeiro e do Grupo Brasileiro de Pesquisas Sándor Ferenczi. É professor aposentado da USP e professor do Programa de Pós-graduação em Psicologia Clínica da PUC-SP. Autor de *Palavras Cruzadas entre Freud e Ferenczi* (segunda edição revista e ampliada, 2024), pela editora Escuta, entre outros livros e dezenas de artigos em revistas nacionais e estrangeiras.

**Mônica Medeiros Kother Macedo** é psicanalista, membro do Grupo de Trabalho: Psicanálise, subjetivação e cultura contemporânea (Associação Nacional de Pesquisa e Pós-graduação em Psicologia/ANPEPP) e do Grupo Brasileiro de Pesquisas Sándor Ferenczi. É doutora pela PUC-RS e professora no Programa de Pós-graduação Psicanálise – Clínica e Cultura (Universidade Federal do Rio Grande do Sul). Organizadora e autora de *Vivência de Indiferença – do trauma ao ato-dor* (Casa do Psicólogo), *Neurose – leituras psicanalíticas* (EdiPUC-RS), *Psicanálise e Política* (Zagodoni) e *Figuras do Extremo* (Blucher).

**Peter L. Rudnytsky** é professor de Inglês na Universidade da Flórida e Diretor do Departamento de Assuntos Acadêmicos e Profissionais, bem como Presidente do Comitê de Confidencialidade da American Psychoanalytic Association. É editor da série de livros *History of Psychoanalysis* para a Routledge e coeditor da série Psychoanalytic Horizons com a Bloomsbury Academic. Os seus livros mais recentes são *Mutual Analysis: Ferenczi, Severn, and the Origins of Trauma Theory* (Routledge, 2022) e *Psychoanalysis and the Patriarchal Tradition: Augustine to Milton* (Bloomsbury Academic, no prelo).

**Renato Mezan** é psicanalista, membro do Departamento de Psicanálise do Instituto Sedes Sapientiae, onde coordena a revista *Percurso*, professor titular da PUC-SP, e membro emérito do Grupo Brasileiro de Pesquisas Sándor Ferenczi. É autor de diversos livros, entre os quais *Freud: a Trama dos Conceitos* (Perspectiva), *Freud, Pensador da Cultura*; *Sociedade, Cultura, Psicanálise* (Blucher), e *O Tronco e os Ramos* (idem), que em 2015 recebeu o prêmio Jabuti na categoria Psicologia e Psicanálise.

**GRÁFICA PAYM**
Tel. [11] 4392-3344
paym@graficapaym.com.br